Hans Winkler

HERAUSFORDERUNG MIGRATION

In der Reihe „Streitschriften" beziehen führende österreichische Journalistinnen und Journalisten mehrmals jährlich pointiert zu brisanten Themen Stellung, um einen notwendigen weiterführenden Diskurs zu befeuern.

Mehr auf www.streitschriften.at

Hans Winkler

HERAUSFORDERUNG MIGRATION

Leykam

Covergestaltung: Peter Eberl, www.hai.cc
Grafiken aus: Atlas Demographie & Migration. Medieninhaber und Herausgeber: Dr. Mathias Vogl | Bundesministerium für Inneres, Mag. Peter Webinger | Bundesministerium für Inneres Herrengasse 7 | A-1014 Wien | www.bmi.gv.at | BMI-III-B@bmi.gv.at
Druck: Steiermärkische Landesdruckerei GmbH, 8020 Graz
Gesamtherstellung: Leykam Buchverlag
ISBN 978-3-7011-7978-7

www.leykamverlag.at

INHALT

DER GROSSE EXODUS

Große Wanderungsströme von Flüchtlingen und Migranten ziehen über die Kontinente und branden an die Küsten und Grenzen Europas. Allein im größeren Umkreis von Europa sind rund zwanzig Millionen Menschen unterwegs. Dabei sind jene nicht mitgezählt, die in ihren eigenen Ländern geblieben sind oder als EU-Bürger innerhalb der Gemeinschaft die Freizügigkeit für Arbeitnehmer genießen.

Die Migrationen werden noch stärker werden. In Afrika lebt heute eine Milliarde Menschen, Europa hat 733 Millionen Einwohner. Schon 2050, wenn die heutigen Kinder und Schüler im besten Erwachsenenalter sind, werden zwei Milliarden vorwiegend junge Afrikaner nur noch rund 690 Millionen eher älteren Europäern gegenüberstehen. Zur demographischen Explosion kommen wirtschaftliche Ineffektivität, korrupte und undemokratische Regime, eine fragile Staatlichkeit, im schlimmsten Fall „failed states".

Der riesige Raum der arabisch-islamischen Zivilisation von Libyen bis zum Horn von Afrika und vom Nahen Osten bis nach Afghanistan ist in Aufruhr geraten. Die Krise, die auch durch westliche Interventionen mitverursacht wurde, entlädt sich in bisher kaum vorstellbarem Terror und mörderischen Bürgerkriegen. Die nach dem Ersten Weltkrieg geschaffene Staatenwelt ist zusammengebrochen. Die relativ säkularen und toleranten Regime im Irak und in Syrien wurden Opfer äußerer Intervention und des islamischen Fundamentalismus.

Der von Afrika und dem „größeren Nahen Osten" ausgehende Migrations- und Flüchtlingsstrom löst in Europa Sorgen und Ängste aus, die es bei früheren Fluchtbewegungen nicht gegeben hat. Der Grund dafür liegt darin, dass etwa während der Jugoslawien-Kriege der Neunziger Jahre die Menge der Flüchtlinge begrenzt und die Zahlen überschaubar waren. Jetzt dagegen erscheint die Zahl potenzieller Migranten unübersehbar und unvorstellbar. Durch Bilder von Zeltstädten mitten in Österreich wird dieser Eindruck noch verstärkt. Die Migration ist zur größten Herausforderung für die Stabilität der westlichen Industriestaaten geworden, auf die die Politik keine Antwort weiß.

Migration ist für Einzelne und ganze Bevölkerungen die Reaktion auf wirtschaftlichen, gesellschaftlichen und politischen Druck oder auch auf persönliche Bedrohung durch Krieg und Verfolgung. Migranten suchen dem zu entkommen und darin auch eine Chance zu ergreifen. Das haben erst die modernen Kommunikations- und Verkehrsmittel in diesem Maß möglich gemacht. Die Perspektivlosigkeit in der Heimat und dagegen das leuchtende Bild vom Leben im „Westen" bzw. Norden werden durch die Erzählungen und Bilder schon Vorausgegangener per Mobiltelefon bewusst. Ihre Attraktion ist stärker als die Abschreckungswirkung von Fernsehbildern über eine Schiffskatastrophe im Mittelmeer, zumal meistens nicht die „ganze" Geschichte über das Leben im Gastland erzählt wird.

Die westlichen Industriestaaten brauchen Zuwanderung, um ihr demographisches Defizit auszugleichen und ihre industrielle Leistungsfähigkeit aufrechtzuerhalten. Sie haben daher migrationspolitische Muster geschaffen, die auf eine strikte Kontrolle von Zuwanderung zielen. Es gibt strenge Visa-Bestimmungen und Einreisebeschränkungen für Personen, die nicht jene beruflichen Qualifikationen haben, die am Arbeitsmarkt der aufnehmenden Länder nachgefragt werden. Um Qualifizierte herrscht dagegen eine Konkurrenz. Damit kommen die Staaten in ein Dilemma, das ein Kommentator so formulierte: „Die, die wir brauchen, kommen nicht und die, die kommen, brauchen wir nicht".

Die EU-Politik kann Migrationsbewegungen nur in begrenztem Ausmaß beeinflussen. Arbeitsmobilität innerhalb der EU gehört zu den berühmten vier Grundfreiheiten. Familienzusammenführung oder auch Aufnahme von Flüchtlingen sind durch internationales Recht abgesichert. Wer sich auf den Weg nach Europa macht, möchte vor allem in einen westlichen europäischen Staat gelangen, wobei Österreich von der Anreise aus dem Osten als „erstes EU-Land des einstigen Westens" gesehen wird und durch sein Sozialsystem eine besonders verlockende und begehrte Destination ist. Die Menschen haben dann den Eindruck, „im Westen" mit all seinen Möglichkeiten angekommen zu sein.

Der angesehene britische Migrationsforscher Paul Collier weist in diesem Zusammenhang auf eine Diskrepanz hin. Migranten kommen häufig aus Ländern mit kaum funktionierenden staatlichen Einrichtungen und „dysfunktionalen Sozialmodellen". Ein erfolgreiches Sozialmodell sei eine Kombination aus Institutionen, Normen, Regeln und Organisationsformen, zu deren Funktionieren alle Beteiligten beitragen müssen. Migranten, die von zuhause kein Vertrauen in die staatlichen und gesellschaftlichen Institutionen mitbringen, hätten es häufig auch nicht in die des Gastlandes.

Als typisches Beispiel für diese kulturelle Differenz können die Besetzer der Votivkirche in Wien vor einigen Jahren gelten. Sie glaubten, ein Gespräch eines Abgesandten mit dem Bundespräsidenten oder der Innenministerin erzwingen zu können, die mit einem Federstrich alle ihre Wünsche erfüllen und alle Probleme aus der Welt schaffen würden. Dass ein Minister in einem Rechtsstaat an die Gesetze gebunden ist, konnten sie sich nicht vorstellen.

Dennoch sind „irreguläre" Wanderungen nicht gänzlich zu verhindern, wie die illegalen Grenzübertritte und Aufenthalte z.B. in den USA oder in der EU beweisen. Ökonomisch prosperierende Regionen ziehen weiterhin Menschen an und zwar nicht nur wegen der erhofften Arbeits- und

Verdienstmöglichkeiten, sondern auch wegen der lockenden Sozialleistungen, mit denen Immigranten rechnen dürfen. Und wer vor Krieg, Verfolgung und Lebensbedrohung flieht, lässt sich auch von Grenzsperren und rechtlichen Hindernissen kaum abhalten.

WELT IN BEWEGUNG

59,5 Millionen Menschen befinden sich laut dem letzten UNHCR-Bericht „Global Trends 2014" weltweit auf der Flucht. Von ihnen gelten 16,7 Millionen nach völkerrechtlicher Definition als Flüchtlinge. Das bedeutet einen Rekordzuwachs von 8,3 Millionen Menschen innerhalb eines einzigen Jahres und zugleich die höchste Zahl seit dem Zweiten Weltkrieg. Etwa 19,5 Millionen davon waren Flüchtlinge, die ins Ausland gehen mussten, 38,2 Millionen galten als Binnenvertriebene, 1,8 Millionen waren Asylsuchende.

Erstmals seit 30 Jahren war Syrien mit 11,6 Millionen Flüchtlingen das Herkunftsland Nummer eins. Es folgten Afghanistan (2,59 Mio.) und Somalia (1,1 Mio.), der Sudan (666.000) und der Südsudan (616.200) sowie Eritrea, die Demokratische Republik Kongo, und Myanmar (Burma) und der Irak.

Die Türkei ist mit 1,59 Millionen Flüchtlingen zum größten Aufnahmeland der Welt geworden, gefolgt von Pakistan, dem Libanon, dem Iran und Äthiopien. Gemessen an der Wirtschaftskraft der einzelnen Länder, erbrachte Äthiopien im Jahr 2014 die größte Anstrengung bei der Aufnahme von Flüchtlingen, gefolgt von Pakistan, Tschad, Uganda und Kenia. Insgesamt nahmen die 48 ärmsten Länder der Welt („Least Developed Countries") 25% der Flüchtlinge weltweit auf.

Wenn man die Bevölkerungszahl nimmt, hatten 2014 folgende Länder laut UNHCR die höchste Flüchtlingsquote (Anzahl der Flüchtlinge pro 1.000 Einwohner):

Libanon	232
Jordanien	87
Nauru	39
Tschad	34
Dschibuti	23
Südsudan	21
Türkei	21
Mauretanien	19
Schweden	15
Malta	14

Die Zahl der weltweit durch UNHCR registrierten Flüchtlinge übersteigt die Zahl der in den Industriestaaten eingebrachten Asylanträge bei weitem. In Österreich lebten zum Jahresende 2013 fast 79.000 Asylsuchende, Flüchtlinge und Staatenlose. Mit 55.589 Flüchtlingen lag Österreich

Bevölkerungsveränderung bis 2050

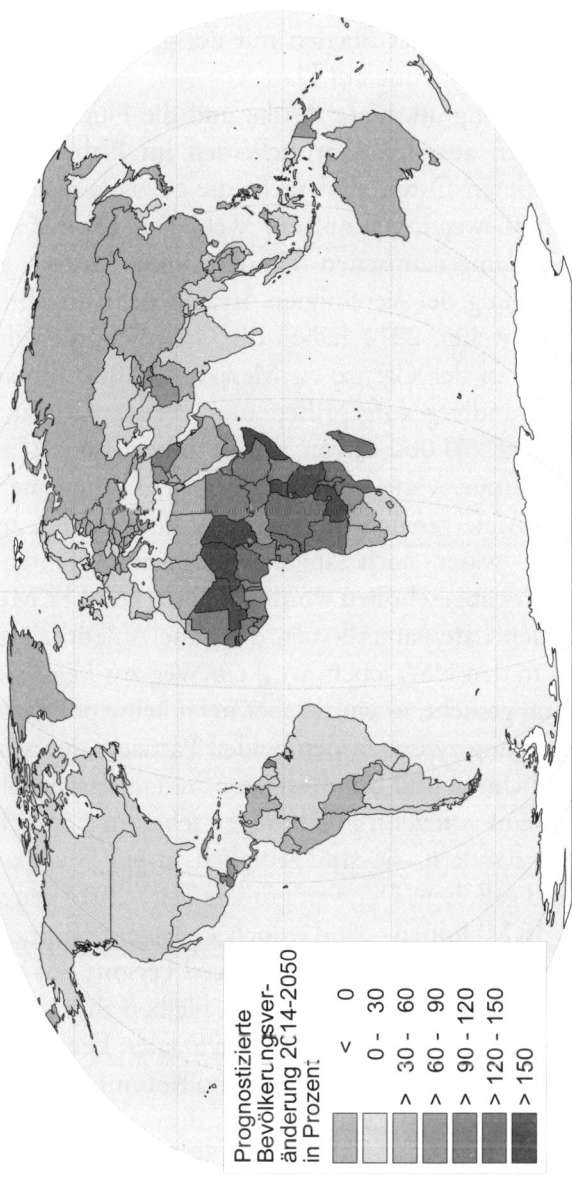

Prognostizierte Bevölkerungsveränderung 2C14-2050
in Prozent

- < 0
- 0 - 30
- > 30 - 60
- > 60 - 90
- > 90 - 120
- > 120 - 150
- > 150

0   2.500   5.000 km

Q: UN, World Population Prospects, The 2012 Revision (medium variant). Kartographie: STATISTIK AUSTRIA.

in der Liste der Staaten mit der größten Flüchtlingsbevölkerung auf Platz 37.

Die Migration aus Afrika und die Fluchtbewegungen aus den Unruheherden im Nahen und Mittleren Osten sind nicht die einzigen Wanderungsbewegungen auf der Welt. Der Exodus aus mittelamerikanischen Ländern und Mexiko in Richtung der Vereinigten Staaten geht ungebrochen weiter. 2014 haben die Grenzbehörden der USA an der Grenze zu Mexiko 470.000 illegale Einwanderer aufgegriffen und wieder zurückgeschickt. 70.000 davon waren unbegleitete Minderjährige. Viele Migranten haben es schon mehrere Male versucht, in die USA zu kommen, andere waren nach längeren illegalem Aufenthalt wieder abgeschoben worden. Für die rund 11 Millionen Lateinamerikaner, die ohne Aufenthaltstitel in den USA leben, wird ein Weg zur Legalisierung gesucht, es wurde aber noch keine politische Einigung zwischen den beiden Parteien einerseits und Union und Bundesstaaten andererseits erzielt.

Neun von zehn Flüchtlingen leben in Entwicklungsländern, sie sind lediglich in ein Nachbarland geflohen. Der weit größere Teil – 2014 waren es 38 Millionen – sind jedoch sogenannte Binnenvertriebene (Internally Displaced Persons – IDP). Sie verlassen ihren Heimatort, bleiben aber innerhalb der Grenzen ihres eigenen Staates. Die größte Zahl davon gibt es in Syrien und Kolumbien. Aber auch mitten in Europa gibt es Binnenflüchtlinge: Kaum beachtet sind die 646.500 Menschen, die in der Ukraine in der Folge der kriegerischen Auseinandersetzungen im Osten des Landes ihre Heimat verlassen mussten.

Da Binnenvertriebene – anders als Flüchtlinge – nicht durch internationale Abkommen geschützt sind, befinden sie sich oft in sehr ähnlichen Situationen wie Flüchtlinge und haben einen ähnlichen Hilfsbedarf. Insgesamt kümmert sich das UNO-Flüchtlingshilfswerk UNHCR um 35,6 Millionen Menschen. Dazu zählen Flüchtlinge, Binnenflüchtlinge, Asylbewerber, Rückkehrer und Staatenlose.

Das Schicksal der aus Myanmar (Burma) geflohenen oder vertriebenen Angehörigen der muslimischen Minderheit der Rohingya hat die weltweite Aufmerksamkeit auf die Flüchtlings- und Migrationsbewegungen in Asien gelenkt. Laut einem UNO-Bericht sind die Rohingya die am „meisten verfolgte Minderheit". Die noch 1,3 Millionen Menschen im mehrheitlich buddhistischen Myanmar leben an der Grenze zu Bangladesch. Die frühere Militärdiktatur hat ihnen die Staatsbürgerschaft mit der Begründung entzogen, sie seien aus Bangladesch eingewandert und eigentlich Bengalen. Angeblich haben in den letzten Jahrzehnten bereits 1,5 Millionen Rohingya das Land in Richtung der wohlhabenden Nachbarländer vor allem Malaysia und Thailand verlassen.

Australien verfolgt eine rigorose Politik zur Eindämmung des Schlepperunwesens und zur Verhinderung von illegaler Immigration. Die Regierung in Canberra hat Abkommen mit Kambodscha und Papua-Neuguinea abgeschlossen, die bereit sind, gegen Bezahlung Flüchtlinge und Migranten auf ihrem Territorium anzusiedeln. Ausgelegt ist das Abkommen auf vier Jahre, es sieht finanzielle Leistungen der australischen Regierung in Höhe von 28 Millionen Euro vor. Im Juni ist der erste Transport von Nauru nach Kambodscha abgegangen. Es hatten sich aber nur vier Personen dazu bereit erklärt. Die Mehrheit hofft immer noch, letztendlich doch in Australien zu landen und bleiben zu dürfen.

Migranten, die nicht nach Indonesien zurückgebracht werden können, wo die Schlepper mit ihnen gestartet sind, werden in Lager im Inselstaat Nauru und auf Neuguinea gebracht. Ein Plan, in Indonesien Fischerboote in großer Zahl aufzukaufen und dadurch den Schleppern ihre Transportmittel zu nehmen, wurde wieder fallengelassen, weil es in einem Land mit tausenden von Inseln einfach zu viele Boote gibt.

Australien hat auch eine große Kampagne mit Plakaten, Filmen und Zeitungsanzeigen in den Herkunftsländern von Migranten gestartet, um die Menschen davon abzuhalten, überhaupt nach Australien aufzubrechen. Dass Australien Schlepper dafür bezahlt, dass sie mit ihrer menschlichen Fracht wieder nach Indonesien zurückfahren, ist nicht bestätigt, aber auch nicht dementiert worden. Mit den drastischen Methoden der geheimen „operation sovereign borders" ist es Australien gelungen, die illegale Immigration weitgehend zum Erliegen zu bringen.

Krieg, Vertreibung, Armut sind nicht die einzigen Ursachen, die Menschen dazu zwingen, aus Wohnung und Heimat zu fliehen und sie oft dauerhaft aufzugeben. Allein im Jahr 2012 mussten rund 25 Millionen nach Naturkatastrophen ihren Wohnsitz verlassen. In Nigeria, Pakistan, Indien, China und auf den Philippinen verursachten die in dem Jahr besonders heftige Regenzeit und der Monsun verheerende Überschwemmungen, die Millionen zur Flucht zwangen. In Ostasien kamen schwere Taifune dazu.

DAS GESCHÄFT MIT DER FLUCHT

Gambia – Das Land
aus dem die Migranten kommen

Gambia ist eines der kleinsten Länder Afrikas und auch eines der ärmsten der Welt, es stellt aber das größte Kontingent von Migranten, die mit Schlauchbooten über das Mittelmeer nach Europa kommen wollen, obwohl es nur 1,9 Millionen Einwohner hat. Gambias größter Geldgeber ist die EU, die zwischen 2008 und 2013 rund 65 Millionen Euro an Fördergeldern zugesagt, einen Teil jedoch eingefroren hat, weil das Land sich weigert, die Todesstrafe abzuschaffen.

Das Land am Atlantik ist eine Enklave im Senegal und der westlichste Punkt der großen westafrikanischen Migrantenroute, die die Staaten Guinea, Mali, die Elfenbeinküste, Burkina Faso, Benin, Nigeria erfasst und über Niger an die Grenze Libyens und ans Mittelmeer führt. Wenn in Westafrika in manchen Dörfern alle jungen Männer weggehen und nur noch Frauen und alte Männer zurückbleiben, hat das auch etwas mit Niger zu tun. Denn dort sitzen die „Vermittler", die die Männer, wenn sie es bis dorthin geschafft haben, auf den gefährlichsten und schwierigsten Teil der Reise durch die Sahara schicken. Diese Vermittler haben Kontakte bis in die entlegensten Winkel des tropischen Afrika. Von Deutschland haben die meisten jungen Leute auch schon etwas gehört. Bekannte und Freunde, die es bis dorthin geschafft haben, haben ihnen übers Handy erzählt, dass man dort „ein Haus bekommt".

Umschlagplatz in der Wüste
Niger, fünfzehnmal so groß wie Österreich mit rund 17 Millionen Einwohnern, ist zur Drehscheibe der Migration und des Menschenhandels aus Westafrika nach Europa geworden. Dreiviertel des Landes sind Wüste, Niger gilt als das ärmste Land der Welt. Agadez im zentralen Niger ist das Tor zur Sahara. Die Tagestemperatur in der 120.000 Einwohner-Stadt kann in den Sommermonaten leicht 45 Grad im Schatten erreichen. Regen fällt kaum je. Nur wenige der von Müll-

häufen gesäumten Straßen sind asphaltiert, Staub-
wolken hängen in der Luft.

Der einzige nennenswerte Wirtschaftszweig in
der Stadt ist der Umschlag von Menschen, es gibt
kaum jemanden, der nicht damit zu tun hat und
daran verdient. Das können auch Migranten selbst
sein, denen das Geld ausgegangen ist oder die von
daheim keines mehr nachgeschickt bekommen.
Sie bringen sich dann als Chauffeure, „Vermittler"
oder Dolmetscher durch, bis sie so viel verdient
haben, dass sie weiterreisen können. Das kann für
manche auch viele Monate dauern. „Schlepper"
und Klient können also durchaus derselbe sein.

Die Internationale Organisation für Migration
IOM schätzt die Zahl derer, die pro Jahr durch die
Stadt kommen, auf 100.000, neunzig Prozent davon aus Westafrika. Nicht alle haben das Ziel Europa, es sind auch welche darunter, die etwa aus dem
östlich des Niger liegenden Tschad kommen und
die Goldgräberstadt Djadou siebenhundertfünfzig
Kilometer nördlich von Agadez erreichen wollen.

Agadez selbst ist freilich auch eine Goldgräberstadt. Seit Jahrhunderten lebt die Stadt vom
Menschenhandel: Waren es früher Sklaven, sind
es heute Migranten. Auch Banken, Geldüberwei-
sungsbüros wie Western Union, Ärzte, Chauffeure, „Vermittler" und die Eigentümer der als „Ghet-
tos" bezeichneten Höfe, in denen die Migranten
untergebracht werden während sie auf den Wei-
tertransport warten, verdienen gut. Dreihundert
solcher Hinterhöfe soll es in Agadez geben. Sie

bleiben von der Polizei unbehelligt, wenn der Besitzer entsprechend zahlt.

Das wirklich große Geschäft ist der Transport. Alle Busunternehmen, die die Routen zwischen Niger und Libyen bedienen, aber auch alle Tankstellen an der Strecke gehören arabischen oder Tuareg-Familien. Die Preise sind im Vergleich zu Billiganbietern in Europa nicht bescheiden. Die 1.500 Kilometer lange Fahrt im Bus von Agadez nach Sabha oder zur Kufra-Oase mitten in der libyschen Wüste, einem weiteren Knotenpunkt der Reise, kostet 200 Euro und mehr. Wo sie hinkommen, wissen die Flüchtlinge oft nicht vorher.

Der „skrupellose Schlepper, der sich am Elend anderer schamlos bereichert", wie deutsche Grün-Politiker schrieben, ist eher eine idealtypische Figur. Es scheint so zu sein, dass „Schleppen" ein dezentrales Geschäftsmodell ist, an dem viele Leute in verschiedenen Funktionen beteiligt sind und daran verdienen. Oft entscheidet auch der Zufall, an wen man gerät und wessen Telefonnummer man bekommen hat. Die Migranten, lauter junge Männer, besitzen meistens nicht mehr als sie am Leib tragen – und ein Mobiltelefon. In der Tasche tragen sie Zettel mit ein paar Adressen. Bei den Western Union-Büros an der Strecke holen sie sich die Rate für die jeweils nächste Etappe der Reise.

Niger und Städte wie Agadez stehen daher auch im Fokus der Bemühungen der EU und internationaler Organisationen wie der IOM, den Strom der Migranten zu stoppen, bevor er überhaupt an die Küste Libyens kommt, wo die Menschen auf die oft todbringenden Schiffe oder Schlauchboote verfrachtet werden. Die IOM will aber nur Überzeugungsarbeit leisten und keine Lager einrichten. Den Leuten soll erklärt werden, dass sie in Europa keine Aussicht auf Asyl haben, wenn sie aus einem der westafrikanischen Staaten kommen.

Die Geschichten der Migranten klingen alle ähnlich: Ein 18-Jähriger aus Gambia hat 12 Monate für die Fahrt vom Atlantik bis Wien gebraucht. Sechs Monate davon hat er in Italien zugebracht. Wie er nach Österreich gekommen ist, will er nicht erzählen und auch über seine Fluchtgründe sagt er nichts, das behält er sich wohl fürs Asylverfahren auf. Alle erzählen von langen Fußmärschen in der Nacht, von Verhaftungen zwischendurch, Fahrten in verdunkelten Fahrzeugen oder zwischen den Achsen eines LKWs und schließlich die Fahrt übers Meer auf zu kleinen Booten.

Von Österreich hatten die meisten noch nichts gehört, bevor sie hier gelandet sind. Den weitesten Weg haben die Afghanen hinter sich. Bis zu drei Jahre waren manche unterwegs, bei anderen dauerte die Reise nur zwei Monate, das hängt auch von den Mitteln ab, die einer zur Verfügung hatte. Kosten von 10.000 Euro sind die Regel, die die Familie für den einen, den sie losschickt, aufbringen musste.

Wenn manche Familien das Geld ausleihen oder Teile ihrer Habe verkaufen mussten, müssen die Erwartungen an den einen, der geht, sehr hoch sein. Entweder, dass er bald Geld schickt oder als Vorhut für andere dient. Darauf deutet hin, dass viele der Emigranten sehr jung sind. Auch halbe Kinder werden losgeschickt. Der Anteil der Minderjährigen unter den Flüchtlingen steigt stark.

GRAB IM MITTELMEER

Mitte April 2015 ist ein Boot mit Migranten und Flüchtlingen im Mittelmeer zwischen der libyschen Küste und Sizilien gekentert. Rund 800 Menschen sind bei der Katastrophe ertrunken, nur 28 konnten von der italienischen Küstenwache und der Guardia di Finanza gerettet werden. Ein Überlebender erzählte nachher, es sei schon beim Start klar gewesen, dass das Schiff viel zu klein für so viele Menschen sei, das Unglück also vorhersehbar war. Der Fall hat kein größeres Aufsehen in Europa mehr erregt, die Gewöhnung auch an das Schreckliche geht schnell.

Als am 3. Oktober 2013 in einem tobenden Sturm 360 Flüchtlinge aus Afrika ertranken, löste das in ganz Europa große Betroffenheit aus. Mit großem moralischen Gestus wurde dazu aufgerufen, Europa müsse ein kollektives schlechtes Gewissen erwecken, denn eigentlich seien die immer neuen Flüchtlingswellen aus Afrika eine Folge des europäischen Kolonialismus. In einer geradezu neurotischen Selbstbezichtigung wurde der tragische Tod so vieler Menschen im Meer als eine unmittelbare Schuld Europas ausgegeben.

Nicht ganz ein Jahr darauf, im Spätsommer 2014, kamen bei einem Schiffsunglück möglicherweise sogar 700 Menschen ums Leben, bestätigt sind zumindest 500. Dabei ist „Schiffsunglück" ein irreführender Ausdruck, weil er vermuten lässt, es habe sich bei dem Fahrzeug um etwas wie ein normales Schiff gehandelt. In Wirklichkeit sind die Schiffe der Schlepper oft ausrangierte Kutter oder gar nur große Schlauchboote. Nur einmal, im Jänner 2015 kam ein reguläres, seetüchtiges Flüchtlingsschiff mit einer handlungsfähigen Besatzung direkt aus Syrien in Kalabrien an.

Die Toten im Mittelmeer gehen in makabre Berechnungen ein: Während im Jahr 2012 noch 39 von 1.000 Flüchtlingen im Meer ertrunken sein sollen, waren es im Jahr darauf nur noch 15 pro Tausend und in der ersten Hälfte dieses Jahres ganze 4 Promille. Ab August sprang die Zahl wieder auf 50 hinauf. Waren es 2013 noch 40.000 Menschen, die solcherart übers Mittelmeer nach Europa kamen, stieg die Zahl bis September 2014 auf 134.000. Ein Bericht des UNO-Flüchtlingshochkommissariats spricht sogar von bisher 207.000. Bereits in den ersten vier Monaten sind nach den Zahlen von IOM über 1.700 Menschen ertrunken. Für das ganze Jahr rechnet man mit bis zu 30.000.

Das Ansteigen der Zahl der Ertrunkenen hängt möglicherweise damit zusammen, dass Italien im Oktober 2014 seine Aktion „Mare Nostrum" eingestellt hat, durch die ein Jahr lang Flüchtlinge aus dem Meer gefischt und in Sicherheit gebracht wurden. Das hat freilich auch zur Folge gehabt, dass die Schlepper die Menschen auf immer weniger seetaugliche Schiffe verfrachteten, weil sie damit rechnen konnten, dass diese ohnehin bald einem italienischen Rettungsschiff der Guardia di Finanza begegnen würden, die tatsächlich bis an die libyschen Hoheitsgewässer heran operierte. Rund 100.000 Menschen wurden von solchen Booten geholt und damit gerettet. Damit waren sie aber zugleich im EU-Europa gelandet.

Es gibt für Migrantenschiffe mehrere Routen über das Mittelmeer. Eine führt von Syrien nach Griechenland und Italien, die wichtigste aber geht von Häfen im westlichen Libyen, wie Tripolis und Misurata nach Lampedusa, einer winzigen italienischen Insel östlich von Tunesien, nach Malta oder nach Sizilien und Kalabrien. Sie wird von Migranten aus Ost-und Westafrika, aber auch von Syrern benutzt, die über Jordanien, den ägyptischen Sinai und Ägypten dorthin kommen.

Unter den 218.000 Menschen, die 2014 versuchten, über das Mittelmeer nach Europa zu kommen, stellen die Syrer und Eritreer die größten Gruppen. Die Fluchtgründe der Menschen sind jedoch sehr unterschiedlich: Während Syrien durch nicht enden wollende Kriegsunruhen gekennzeichnet ist, ist die staatliche Repression seitens der eritreischen Regierung mitverantwortlich für Fluchtentscheidungen. Die hohe Arbeitslosigkeit, ein faktisch unbegrenzter Militärdienst sowie von einer UN-Untersuchungskommission festgestellte Menschenrechtsverletzungen führen dazu, dass Eritrea unter den Flüchtlingsherkunftsländern immer weiter aufstieg. Rund zwei Drittel aller eritreischen Asylansuchen wurden 2014 in drei Ländern eingereicht: Deutschland, Schweden und der Schweiz.

Libyen ist nach dem Sturz des Diktators Muammar Gaddafi zum wichtigsten Stützpunkt der Schlepperorganisationen geworden. Die Zentralregierung in Tripolis kontrolliert nur einen kleineren Teil der zweitausend Kilometer langen Küste. Die schlecht ausgerüstete Küstenwache geht Konflikten mit den Schleppern lieber aus dem Weg. Gelegentlich versucht die Regierung aber ihre Handlungsfähigkeit und Kooperationsbereitschaft mit der EU zu zeigen: Ende Mai sind etwa 600 Männer aus verschiedenen afrikanischen Ländern bei einer Großrazzia im Raum Tripolis verhaftet worden. Sie sind in ein Flüchtlingslager in Tripolis gebracht worden. Ob sie sich dort noch aufhalten, weiß niemand.

Die Schlepperbanden, die sich ihr Millionengeschäft nicht verderben lassen möchten, reagieren auf veränderte Umstände sehr flexibel und ändern laufend ihre Methoden. Dabei werden sie immer skrupelloser. Um dem Risiko der Verhaftung zu entgehen, sind sie dazu übergegangen, nach einem Teil der Strecke das Schiff und seine Passagiere ihrem Schicksal zu überlassen, sie selbst kehren auf schnellen Booten zu ihrem Abfahrtsort zurück. Oft schon bestimmen sie vor der Abfahrt einen der Flüchtlinge zum Kapitän, dem sie dann das faktisch steuerlose Schiff überlassen.

Der Andrang von Flüchtlingen und Migranten in Libyen ist unterdessen so groß geworden, dass die Schlepper nicht mehr genug Schiffe und Boote kaufen oder stehlen können. In einigen Fällen wurde die italienische Küstenwache von Schleppern mit Waffengewalt dazu gezwungen, Schiffe wieder herauszugeben, nachdem sie die Passagiere in Sicherheit gebracht hatte. Die Absicht der EU, Boote und Schiffe von Schleppern zu zerstören, erscheint aus dieser Perspektive also durchaus sinnvoll.

Was da „Entmenschlichung" und „Militarisierung" der europäischen Flüchtlingspolitik sein soll, wie die deutschen Grünen mit großem moralischen Gestus behaupten, ist nicht zu erkennen. Solche Polemik verwechselt auch absichtlich Täter und Verfolger. Es sind die kriminellen Schlepper, die mit der Not anderer ein Millionengeschäft machen. Ihnen mit allen verfügbaren Mitteln das Handwerk zu legen, ist Recht und Pflicht staatlicher und überstaatlicher Organe. Das nicht zu tun, würde auf die absurde Konsequenz hinauslaufen, tatenlos zuzuschauen, wie die Schlepper ihre Boote füllen und kaum sind diese auf ho-

Illegale Einwanderung nach Europa 2013

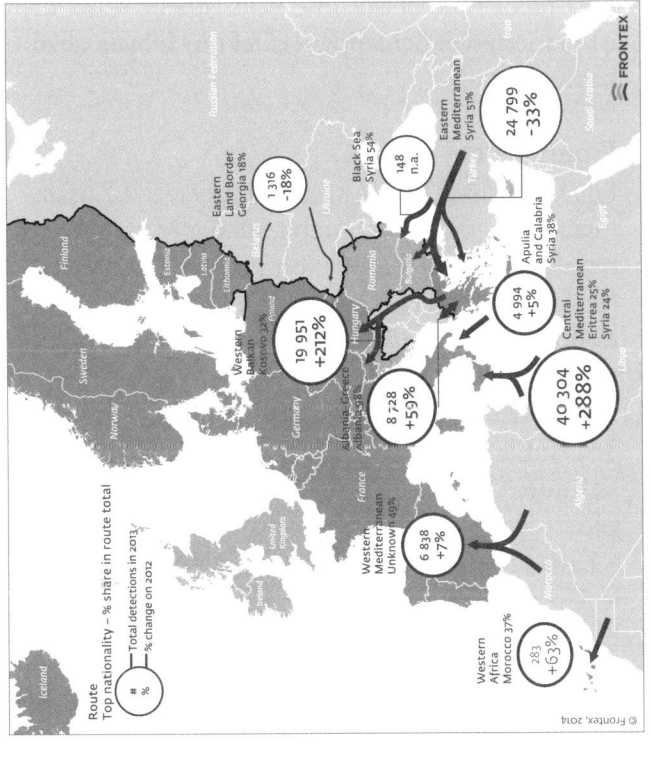

Source: Annual Risk Analysis 2014, www.frontex.europa.eu

her See, die Menschen darauf zu retten. Die andere nicht minder absurde Konsequenz wäre, die Migranten den Schleppern direkt in Libyen abzukaufen.

Frontex: Eine Million

Die Europäische Agentur für die operative Zusammenarbeit an den Außengrenzen der Mitgliedstaaten der Europäischen Union Frontex (Agence européenne pour la gestion de la coopération opérationnelle aux **front**ières **ex**térieures), eine Einrichtung der EU mit Sitz in Warschau, ist zuständig für die Zusammenarbeit der Mitgliedstaaten an den Außengrenzen der EU. Seit Januar 2015 steht sie unter der Leitung des Franzosen Fabrice Leggeri.

Laut Frontex gab es 2014 rund 278.000 illegale Grenzübertritte. Dies sind nach Angaben der EU-Kommission 155 Prozent mehr als 2013 und doppelt so viele wie 2011. Vor allem der Bürgerkrieg in Syrien sowie die Konflikte in Ostafrika und der anhaltende Exodus aus den westafrikanischen Staaten sorgen dafür. Dazu kommt die wachsende Gewalt und das Chaos im Transitland Libyen.

Leggeri rechnet damit, dass es in diesem Jahr zu einem noch nie dagewesenen Ansturm vor allem aus Libyen kommen wird. „Unsere Quellen berichten uns, dass zwischen 500.000 und einer Million Migranten bereit sind, Libyen zu verlassen". Die Europäische Union müsse sich auf eine noch schwierigere Situation einstellen als 2014. Dem seien die Grenzschützer aber kaum gewach sen.

An einem einzigen Wochenende im Frühjahr 2015 haben die deutsche Fregatte „Hessen" sowie Einsatzkräfte aus Italien und anderen Ländern mehr als 5.000 Flüchtlinge im Mittelmeer gerettet. Auch die Schiffe der Frontex-Operation „Triton" sind an der Rettung beteiligt gewesen. Fünf Einsätze gab es für mehr als 500 Flüchtlinge, die auf 25 Booten unterwegs waren. Die „Hessen" hat 880 Menschen an Bord genommen, unter ihnen 118 Frauen und 27 Kinder. Auf einem Schlauchboot wurden 17 Leichen gefunden.

Die EU wird kritisiert, weil sie den italienischen Rettungseinsatz „Mare Nostrum" im November 2014 auf Bitten Roms durch den deutlich eingeschränkteren „Triton"-Einsatz der EU-Grenzbehörde ersetzt hat. Im Gegensatz zu „Mare Nostrum" wird durch Triton nur das Gebiet unmittelbar vor den Grenzen Europas überwacht – viele der oft völlig überfüllten Flüchtlingsboote geraten aber schon kurz nach ihrer Abfahrt von Libyen in Seenot. Italiens Innenminister Alfano sagte dazu: „30 Seemeilen vor der italienischen Küste endet Europa, bis dahin helfen wir. Dahinter befinden sich die internationalen Gewässer und dort gilt das internationale Seerecht."

Die „Hessen" und ein zweites Schiff der deutschen Kriegsmarine, das Versorgungsschiff „Berlin" haben den Auftrag bekommen, Flüchtlingsboote nach der Rettung der Passagiere zu versenken. Diese würden sonst auf dem offenen Meer treiben und eine Gefahr für die Schifffahrt sein, lautet die seemännische Begründung dafür. Tatsächlich ist das schon ein Vorspiel auf das „robuste Eingreifen" gegen die Schlepper, das EU-Außenbeauftragte Federica Mogherini mit ihren Außenminister-Kollegen plant.

Dazu braucht es allerdings ein UN-Mandat. Offen ist auch, ob es zu Einsätzen an Land kommen soll, wozu die Zustimmung der libyschen Regierung notwendig wäre. Da stellt sich sofort die Frage, welche der drei konkurrierenden gemeint ist, die in Tobruk im Osten oder die in Tripolis oder jene in Misurata. Eine Zustimmung im Sicherheitsrat würde von Russland wohl nur zu bekommen sein, wenn keine Einsätze an Land vorgesehen sind.

IN EUROPA – UND WAS NUN?

Als ein „Raum der Exzellenz, majestätisch und imposant" wird die Stazione Centrale, der Hauptbahnhof von Mailand auf der Homepage der italienischen Staatsbahnen bezeichnet. In den letzten Monaten hatte aber niemand einen Blick für den prächtig-überladenen Bau, einen der berühmten großen Kopfbahnhöfe Italiens. Während des G7-Treffens im bayerischen Elmau entstand rund um das Gelände des Bahnhofs ein afrikanisches Zeltlager. 1200 Migranten aus Afrika hatten sich dort niedergelassen, weil sie nicht weiter nach Norden reisen durften.

Am Bahnhof von Bozen in Südtirol besetzten zur selben Zeit Flüchtlinge aus Schwarzafrika sogar zeitweise Gleise, weil Österreich die Brennergrenze für Migranten gesperrt hatte. Ähnliche Szenen spielten sich in Ventimiglia an der Riviera ab. An der Grenze Italiens zu Frankreich drohten einige hundert Flüchtlinge mit Hungerstreik, weil Frankreich die Grenze geschlossen hielt. Andere sollen damit gedroht haben, sich ins Meer zu stürzen, wenn sie nicht weiterreisen dürfen. Innerhalb einer einzigen Woche sind in Ventimiglia 1.439 illegale Migranten aufgehalten worden.

Einer von ihnen sagte im Fernsehen: „Wir haben alles riskiert, wir sind durch die Wüste in Afrika gegangen, wurden von den Schleppern bis nach Sizilien gebracht und haben das Meer überlebt. Nun sind wir so kurz vorm Ziel. Ich will zu meinem Cousin nach Paris." Die meisten dieser jungen Männer kommen aus Somalia, Eritrea, der Elfenbeinküste und dem Sudan. Sie treten selbstbewusst auf als ob sie einen Anspruch darauf hätten, in ihr Wunschland in Europa gelassen zu werden. In Italien will keiner von ihnen bleiben. Darum lassen sie sich nicht von den Bahnhofen vertreiben und fliehen aus Lagern. Das Land hat 25.000 Aufnahmeplätze, es halten sich aber geschätzt dreimal so viele Flüchtlinge dort auf. Drei der 20 Regionen weigern sich überhaupt, weitere Flüchtlinge aufzunehmen.

Dass sie nach dem Dublin II-Abkommen in dem Land um Aufnahme ansuchen müssen, wo sie zum ersten Mal europäischen Boden betreten, ist den Migranten wohlbekannt. Deswegen tun sie alles, um der Abgabe von Fingerabdrücken zu entgehen, mit deren Hilfe sie später womöglich wieder nach Italien zurückgeschickt werden könnten.

Ein Brennpunkt, in dem sich viele Probleme mit der illegalen Migration bündeln, ist die französische Hafenstadt Calais. Seit Jahren hausen dort Migranten, fast alle aus afrikanischen Ländern, in einem behelfsmäßigen Camp an der Autobahn, die zum Hafen führt. Die ständige Besetzung des Lagers sind 1.500 bis 2.000 Menschen. Ihr Ziel ist Großbritannien. Immer wieder versuchen sie, auf einen der LKW zu gelangen, die auf der Fähre oder durch den Eurotunnel nach Großbritannien wollen. Besonders günstig scheint ihnen die Gelegenheit, wenn es auf der Autobahn, etwa wegen eines Streiks, zu einem Stau kommt. Dann gibt es regelmäßig Zusammenstöße, weil die LKW-Fahrer in England bestraft werden, wenn auf ihrem Wagen ein Migrant gefunden wird. Die französische Polizei ist im Dauereinsatz gegen die Einwanderer, in der Stadt herrscht permanente Krisenstimmung.

Oft warten die Migranten Wochen oder Monate in Calais auf eine Gelegenheit. Sie rechnen damit, dass es jedem eines Tages gelingen wird, ins gelobte Land jenseits des Kanals zu gelangen. Die meisten haben kein Asylgesuch in einem Schengenstaat eingereicht oder haben überhaupt keine Papiere. Sie können deshalb grundsätzlich nicht zurückgewiesen oder in ein Nachbarland abgeschoben werden.

EU-STREIT UM DIE QUOTE

Die Flüchtlings- und Asylpolitik ist zu einer schweren Belastung der europäischen Zusammenarbeit geworden. Die Fronten verlaufen zwischen den Staaten im Süden und am Mittelmeer, die mit dem unmittelbaren Ansturm von Flüchtlingen und Migranten konfrontiert sind und denen im Norden, wohin die meisten Zuwanderer letztendlich wollen. Sie verlaufen aber auch zwischen den wohlhabenderen und ärmeren, zwischen den westlichen alten EU-Mitgliedern und den neuen Mitgliedern im Osten. Mit zunehmender Härte versuchen die Staaten auch, die Last dem Nachbarn zuzuschieben.

Die bevorzugten Zielländer fordern ein Quotensystem für die Aufnahme von Migranten und Flüchtlingen. Zu einer Einigung darüber ist es bisher nicht gekommen. Der härteste Widerstand gegen Quoten kommt von Spanien und Polen. Sollte es zu solchen Vereinbarung kommen, müssten vor allem die neuen Mitgliedstaaten in Mittelosteuropa viel mehr Flüchtlinge nehmen als bisher. Aber die baltischen Staaten, Tschechien, die Slowakei und Ungarn wollen ein solches Regime keinesfalls akzeptieren. Sie lehnen nicht nur eine anteilsmäßige Verteilung der Flüchtlinge und Migranten ab, sondern die Flüchtlingspolitik der EU insgesamt. Da sich die EU bisher zu keiner gemeinsamen Politik aufraffen konnte, gehen immer mehr Länder ihren eigenen Weg. Dänemark, Irland und Großbritannien sind ohnehin von der gemeinsamen Politik in diesem Bereich abgekoppelt.

Gemeinsame Agenda

Am 15. Mai 2015 hat der EU-Rat eine Agenda für einen gemeinsame Migrationspolitik beschlossen. Sie ist nur ein Minimalprogramm. Für dessen Umsetzung, vor allem die Sofortmaßnahme der Ansiedlung von 40.000 bzw. 20.000 unmittelbaren Härtefällen – gibt es allerdings keine Übereinstimmung und ein hartnäckiges Feilschen zwischen den Ländern. Die Agenda hat vier Ziele:

• *Anreize zu irregulärer Migration vermindern*
Dazu sollen Europäische Migrationsbeauftragte in die EU-Delegationen in wichtige Herkunftsstaaten geschickt werden. Sie sollen die Ursachen der Migration bekämpfen helfen. Die Agentur zum Schutz der EU-Grenzen, Frontex, soll stärker in die Rückführung einbezogen werden und den Kampf gegen die Schleuserkriminalität „robust" aufnehmen dürfen. Abgelehnte Asylwerber

sollen die EU verlassen und wenn ersichtlich kein Asylgrund besteht, bereits auf See umkehren.

• *Sicherung der Außengrenzen*
Durch Stärkung des Mandats und der Kapazitäten von Frontex; durch Stärkung der Grenzmanagement-Kapazitäten von Drittstaaten und erforderlichenfalls durch Zusammenführung bestimmter Küstenschutzaufgaben auf EU-Ebene.

• *Gemeinsame Asylpolitik*
Vorrang soll die Schaffung eines gemeinsamen europäischen Asylsystems haben: Systematische Identitätsfeststellung und Abnahme von Fingerabdrücken. Stärkung des Prinzips des sicheren Herkunftsstaats im Asylverfahren zur Verhinderung des Missbrauchs des Systems; die Dublin-Verordnung bleibt aufrecht.

• *Neue Politik für legale Migration*
Europa mit seiner rückläufigen Bevölkerungsentwicklung soll für Migranten als attraktive Destination erhalten bleiben, unter anderem durch Reform und Modernisierung der Blue-Card-Richtlinie, durch eine Neuausrichtung der integrationspolitischen Strategien und durch Maximierung der Vorteile der Migrationspolitik für den Einzelnen und die Herkunftsländer, beispielsweise mit billigeren und schnelleren Geldüberweisungen in die Heimat.

Relocation und resettlement

Zum ersten Mal will die EU die „Notfallklausel" gemäß Artikel 78 Absatz 3 des Vertrages über die Funktionsweise der EU-Organe anwenden. Wegen des „plötzlichen Zustroms von Drittstaaten-Angehörigen" wird ein zeitlich befristeter Verteilungsmechanismus unter den EU-Staaten eingeführt. Ende 2015 soll ein Vorschlag für ein dauerhaftes gemeinsames EU-System für krisenbedingte Umsiedlungen infolge eines Massenzustroms von Migranten folgen.

Die Ansiedlung erfolgt unter dem Titel „relocation" und „resettlement". Relocation bedeutet die Verteilung von „Personen, die eindeutig internationalen Schutz brauchen" zwischen den EU-Staaten. Resettlement bedeutet die Überführung von „Personen, die eindeutig internationalen Schutz brauchen" von einem Drittstaat in ein EU-Mitgliedsland über Auftrag des UNO-Hochkommissars für das Flüchtlingswesen. Das Aufnahmeland gewährt ihnen ein Aufenthaltsrecht wie allen Nutznießern internationalen Schutzes.

Relocation – Umsiedlung

Die EU-Kommission will 40.000 Flüchtlinge binnen zwei Jahren aus Italien und Griechenland innerhalb Europas verlegen. Das konnte im Rat nur mit knapper Mehrheit beschlossen werden. Einige Staaten lehnen die Immigrations-Politik der EU überhaupt ab, wie Ungarn, Polen und die Tschechische Republik, wieder andere wollten den Verteilungsschlüssel nicht akzeptieren. Auch Österreich wollte „keiner zusatzlichen Belastung" zustimmen. Dänemark, Irland und das Vereinigte Königreich haben von der ihnen zustehenden Möglichkeit eines „opting out" Gebrauch gemacht.

Österreich müsste nach dem Vorschlag 1.213 Flüchtlinge übernehmen. Das ist freilich nur ein Bruchteil von den Asylanträgen, die für dieses Jahr erwartet werden. In den Genuss der Regelung sollen Angehörige von Nationalitäten kommen, bei denen die Asylanerkennungsrate bei mehr als 75 Prozent liegt, also aktuell nur Syrer und Eritreer. Für jeden aufgenommenen Asylsuchenden will die EU 6.000 Euro zahlen.

Die Regelung bezieht sich explizit nur auf jene Schutzsuchenden, die nach dem Beschluss des Gesetzesvorschlages in Italien und Griechenland ankommen. Konkret sollen aus Italien 24.000 Flüchtlinge und aus Griechenland 16.000 umgesiedelt werden. Anteilig die meisten Flüchtlinge müsste Deutschland mit 8.763 Personen (21,91 Prozent) aufnehmen. An zweiter Stelle stünde Frankreich mit 6.752 Personen (16,88 Prozent) vor Spanien mit 4.288 Personen (10,72 Prozent). Österreich liegt mit 3,03 Prozent auf dem zehnten Rang.

Umstrittener Schlüssel

Der Verteilungsschlüssel basiert zu je 40 Prozent auf der Bevölkerungszahl und dem Bruttoinlandsprodukt sowie zu je zehn Prozent auf Arbeitslosenrate und bereits aufgenommenen Flüchtlingen. Italien und Griechenland – die am stärksten von den Mittelmeer-Flüchtlingen betroffenen EU-Staaten – fallen aus der Berechnung heraus. Von „Quoten" ist wohlweislich nicht die Rede, dagegen hatte sich vor allem Frankreich gewehrt.

Der Plan umfasst rund 40 Prozent der Syrer und Eritreer, die 2014 in Griechenland und Italien um Asyl angesucht haben. Weniger hätte diesen Ländern nicht geholfen, mehr hätten die Mitgliedsstaaten nicht akzeptiert. Für den Beschluss war eine qualifizierte Mehrheit von 55 Prozent der Mitgliedsstaaten, die mindestens 65 Prozent der Bevölkerung repräsentieren, erforderlich. Einmal beschlossen, ist der Verteilungsschlüssel verpflichtend für alle Staaten.

Resettlement – Ansiedlung

In einem zweiten Programm will die Kommission 20.000 bereits von der UNO anerkannte Flüchtlinge direkt aus Konfliktgebieten in Drittstaaten in der EU ansiedeln. Sich daran zu beteiligen, sind die Mitgliedsstaaten nur „eingeladen". Dieses Programm ist ausdrücklich für Flüchtlinge aus Syrien, dem Nahen Osten und dem Horn von Afrika, also Somalia und Eritrea vorgesehen. Es wird mit 50 Millionen Euro von der Kommission finanziert. Österreich müsste nach dem Schlüssel 444 Personen aus diesem Kontingent aufnehmen.

Problem Italien und Griechenland

Die Kommission hat angekündigt, die Umsetzung des gemeinsamen europäischen Asylsystems genauer überwachen zu wollen. Dieses schreibt etwa die systematische Abnahme von Fingerabdrücken von Asylsuchenden vor, mit dessen „Umsetzung einige Mitgliedsstaaten zuletzt Probleme hatten". Zentrum der Kritik waren zuletzt immer wieder Italien und Griechenland, wo die EU künftig mit „Hotspot-Teams" bei der Registrierung von Asylsuchenden, aber auch bei der Abschiebung illegaler Migranten helfen will.

Österreichische EU-Abgeordnete haben überwiegend positiv auf den EU-Vorschlag einer Flüchtlingsverteilung per Quote reagiert. Für Sozialdemokraten und Grüne könnten „die notwendigen Erfahrungen gesammelt werden, um die Weichen für die Flüchtlingspolitik der Zukunft zu stellen". Sie sehen darin den ersten Schritt, das Dublin-System abzuschaffen. Man werde auch sehen, welche EU-Länder ihrer Verpflichtung nachkommen und welche sich „unsolidarisch gegenüber anderen Mitgliedstaaten verhalten".

Der österreichische EVP-Abgeordnete Heinz Becker begrüßte eine Aufteilungsquote der Flüchtlinge auf alle EU-Länder zwar grundsätzlich, kritisierte aber mögliche Zusatzbelastungen Österreichs. Dauerhaft dürfte es nicht sein, dass die Staaten, die ohnehin schon die meisten Asylfälle bearbeiten – also Deutschland, Schweden oder Österreich – noch mehr Fälle zugewiesen bekommen. Er erwarte daher, dass „weiterführende Maßnahmen" Österreich „deutlich entlasten", betonte Becker.

Die beiden Programme entzweien die EU weiter. Tschechien weist darauf hin, dass man schon ukrainische Flüchtlinge aufgenommen habe. Besonders hartnäckige Gegnerschaft kommt aus Polen, obwohl das riesige 40 Millionen Einwohner-Land für die Umsiedlung bei einer Quote von 5,64 Prozent 2.256 Menschen aufnehmen müsste und bei der relocation lediglich 962. Spanien wollte im Verteilungsschlüssel die Arbeitslosigkeit höher bewertet haben.

Der Streit um Dublin

Im Süden des Kontinents sieht man sich mit dem Ansturm von Migranten und Flüchtlingen überlastet, im Norden damit, sie letztendlich aufnehmen zu müssen. Derzeit wird die Verteilung der Flüchtlinge in Europa durch das Dublin-System geregelt. Der dann schnell wieder zurückgezogene Vorstoß Ungarns, Flüchtlinge aus anderen Ländern nicht mehr zurückzunehmen, hat in anderen EU-Ländern helle Aufregung ausgelöst. Man sah darin den offiziellen Versuch, das Dublin-System auszuhebeln. Aber nicht nur Ungarn, auch Italien möchte das Dublin-System ändern, aus jeweils gegensätzlichen Gründen.

Die Verordnung wirkt sich auf Länder wie Italien, aber auch Griechenland oder Malta, ungünstig aus. Auf ihrem Staatsgebiet kommen mehr

Binnenvertriebene 2014

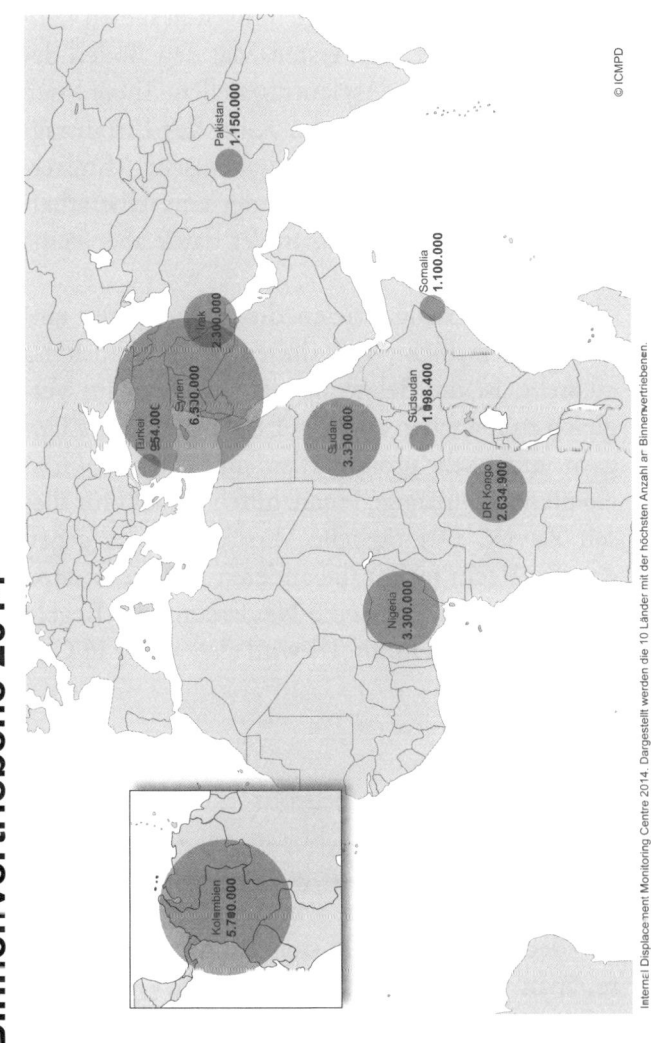

Pakistan
1.150.000

Irak
2.300.000

Syrien
6.530.000

Türkei
954.000

Sudan
3.330.000

Südsudan
1.498.400

Somalia
1.100.000

DR Kongo
2.634.900

Nigeria
3.300.000

Kolumbien
5.760.000

© ICMPD

Internal Displacement Monitoring Centre 2014. Dargestellt werden die 10 Länder mit der höchsten Anzahl an Binnenvertriebenen.

Flüchtlinge an, als anderswo an den Außengrenzen der EU. Ankömmlinge müssen in diesen Ländern, da sie dort zum ersten Mal den Boden der EU betreten, einen Asylantrag stellen. Theoretisch können Flüchtlinge in das Land des Erstantrags zurückgestellt werden. Der italienische Ministerpräsident Matteo Renzi verlangt eine Überarbeitung der Dublin-Regeln, findet dafür aber keine Mehrheit im Rat.

Da gerade Italien vielen dieser Menschen einfach weiterschickt, und ihnen dafür Transitvisa ausstellt, ist die Belastung seines Landes im Vergleich zu manchen anderen EU-Staaten, etwa Ungarn, nicht sehr groß. Außerdem bekommt Griechenland großzügige Finanzhilfen der EU für diesen Zweck. Der tägliche Verstoß Italiens gegen das EU-Recht macht die anderen Mitgliedstaaten nicht geneigter, über eine Neufassung der Regeln zu verhandeln. Dublin III wird also weiter in Geltung bleiben.

Wackelt Schengen?
Die Flüchtlingskrise bedroht unterdessen auch das grenzkontrollfreie Reisen in Europa nach dem sogenannten Schengen-System. „Wir streben keine Änderungen von Schengen an", sagte der deutsche Innenminister Thomas de Maizière, man wolle keine systematischen Grenzkontrollen wieder einführen, „aber wenn Verantwortlichkeiten nicht erfüllt werden, dann könnte am Ende das Ende vom freien Verkehr in Europa ste-

hen." De Maizière und der französische Innenminister Bernard Cazeneuve pochten ın der Debatte über ein Quotensystem zur Aufnahme von
Flüchtlingen darauf, dass nur Einwanderer mit
„wirklicher Bleibeperspektive" umverteilt werden sollten. Ansonsten sollten die Flüchtlinge in
Italien und Griechenland bleiben. Wer aus wirtschaftlichen Gründen nach Europa komme, solle von dort in seine Heimat zurückgebracht werden. Aber in der Praxis wird fast niemand zurückgestellt. In Deutschlands leben angeblich 600.000
abgelehnte Asylwerber und illegale Einwanderer
im „Untergrund".

ZÄUNE AM RAND EUROPAS

Den Anfang hat Spanien schon vor vielen Jahren
gemacht: Es baute um Ceuta und Melilla, seine
beiden Enklaven in Marokko, gewaltige Zäune in
der Höhe von vierstöckigen Häusern, um Migranten aus dem subsaharischen Afrika und Marokko daran zu hindern, in die Städte und damit auf
spanisches Territorium zu kommen, womit sie zugleich auch in der EU gelandet wären. Immer wie
der spielen sich dort dramatische Versuche ab, die
Zäune zu durchbrechen oder zu überwinden.
    Dem Beispiel folgte dann Bulgarien, das an sei-
ner Grenze zur Türkei einen 30 Kilometer langen,
ebenfalls stark befestigten Zaun errichtet hat, der

mit modernsten Wärmekameras und Bewegungs-
meldern den unkontrollierten Zustrom ins ärmste
Land der EU verhindern soll. Nun will auch Ungarn einen Zaun an seiner Grenze zu Serbien bau-
en, die ein Einfallstor für illegale Migranten ist,
nicht zuletzt solche aus dem Kosovo, die zwar weiter nach Deutschland wollen, aber in Ungarn zum
ersten Mal die EU betreten und damit dort registriert werden müssen. Man rechnet für den Zaun
auf 175 Kilometern Länge mit Kosten von rund
70 Millionen Euro.

Ungarn ist in der EU zum Buhmann gestem-
pelt worden, weil es die Flüchtlingspolitik der EU
insgesamt ablehnt und die Finger in die Wunden
des Systems legt. Vor allem nennt es jene Länder
beim Namen, die die EU-Regeln nicht einhalten.
Aufregung in der EU hat Ungarn mit der Ankün-
digung ausgelöst, keine Flüchtlinge mehr zurückzunehmen, die in Ungarn um Asyl angesucht hatten und dann in andere Länder weitergereist waren. Das war als Angriff auf das Dublin-System
gewertet worden. Budapest war durch eine Mit-
teilung aus Österreich und Deutschland alarmiert
worden, man wolle bis zu 15.000 Leute zurück-
schicken. Ungarn zog seine Absicht dann wieder
zurück.

Ungarn ist in diesem Jahr besonders schwer von
der Migration betroffen. Bis zur Mitte des Jahres
haben mehr als 61.000 Menschen die Grenze illegal überschritten und sind in Ungarn mit einem
Asylbegehren registriert worden. Das sind schon

nach einem halben Jahr dreißigmal so viele wie bis 2012 in einem ganzen Jahr. So gut wie alle kamen über die Grenze zu Serbien. Die allermeisten reisen anschließend in Richtung Westen weiter, weil ihre eigentlichen Ziele Länder wie Deutschland, Österreich oder Schweden sind. Nach Angaben des Regierungssprechers hat Ungarn Aufnahmekapazitäten für 2.500 bis 3.000 Asylbewerber.

Täglich kommen 700 bis 800 Personen über die Grenze aus Serbien nach Ungarn. Wenn es möglich sei, das Schengen-Abkommen zeitweilig auszusetzen, wie das Deutschland in einem bestimmten Gebiet anlässlich des G-7-Gipfels getan hat, dann müsse es auch möglich sein, „Dublin III" aus „technischen Gründen" zu suspendieren, wenn die Kapazitäten am Ende seien, argumentiert die Regierung in Budapest. Ungarn mit zehn Millionen Einwohnern hatte im ersten Quartal 2015 doppelt so viele Asylwerber zu verzeichnen wie das fünfmal so große Italien.

Zu Recht beschuldigt die Regierung in Budapest andere Staaten, die Regeln nicht einzuhalten, sodass Ungarn der erste EU-Staat sei, in dem die Flüchtlinge registriert würden, obwohl sie schon vorher anderswo den Boden der EU betreten hätten: „Ein Blick auf die Landkarte führt zu Fragen über die Prozeduren in anderen EU-Ländern." Damit sind Bulgarien, Kroatien und Griechenland gemeint. Der ungarische Außenminister hat Griechenland offen vorgeworfen, seine Verpflichtungen laut Dublin nicht zu erfüllen. Alle

Aufmerksamkeit in Europa richte sich momentan auf das Mittelmeer, dabei werde übersehe, dass die Balkan-Route der Migranten ebenso stark frequentiert werde.

Budapest will aber weiterhin Migranten registrieren, wie das in der Dublin-Verordnung vorgeschrieben ist. Da so gut wie alle illegal Einreisenden Asyl beantragen, können sie nach der Registrierung nicht daran gehindert werden, weiterzureisen. Auch das schreibe die europäische Gesetzgebung und Rechtsprechung vor. In Ungarn werden im Schnitt 10 Prozent der Asylanträge positiv beschieden, da der Großteil der Anträge durch Wirtschaftsmigration bestimmt sei. Die ungarische Regierung hat eine „Nationale Konsultation" veranstaltet, bei der die Bevölkerung ihre Meinung zu den Themen Migration und Terrorismus abgeben sollte. Die Verbindung dieser beiden Themen löste Kritik aus dem Ausland aus.

ASYL ALS LETZTE RETTUNG

Jahresbilanz 2014

Die Zahl der in Österreich eingereichten Asylanträge nahm im vergangenen Jahr stark zu. Während 2013 noch 17.503 Anträge gestellt wurden, waren es 2014 schon 28.027. Dies entspricht einem Anstieg von rund 60%. 92% aller eingereichten Anträge waren Erstanträge. Männer (21.258)

Asylanträge in der EU 2013

stellten dabei deutlich öfter Asylanträge als Frauen (6.769). War die Zahl der Asylanträge 2013 und 2014 pro Monat bis Juni 2014 annähernd gleich hoch, stieg sie ab Juli vorigen Jahrs dramatisch.

Unbegleitete Minderjährige

Im vergangenen Jahr sind zahlreiche minderjährige Asylsuchende ohne ihre Familien nach Österreich gekommen. Der Großteil der unbegleiteten Minderjährigen, die in Österreich Asyl beantragen, ist im Teenager-Alter. 2014 wurden 1.953 Asylanträge von 14- bis 18-jährigen Jugendlichen gestellt, 129 Antragsteller/innen waren noch unter 14 Jahren, bei weiteren 178 wurde im Zuge des Verfahrens die Volljährigkeit festgestellt. Am deutlich häufigsten stammen unbegleitete minderjährige Asylsuchende aus Afghanistan (1.253), gefolgt von Syrien (259) und Somalia (221).

Asylanträge nach Staatsangehörigkeit

Nach wie vor ist Syrien die antragsstärkste Nation, gefolgt von Afghanistan und dem Kosovo. Die Zahl der kosovarischen Antragssteller übertraf bereits zur Jahresmitte die Gesamtanzahl des vergangenen Jahres.

Herkunftsstaaten nach Staatsangehörigkeit Jänner
– April 2015

Syrien	3.424
Afghanistan	2.393
Kosovo	2.206
Irak	1.410
Somalia	644
Russland	590
Pakistan	448
Iran	361
staatenlos	342
Nigeria	298

Prognose 2015

Seit 1999 wurden in Österreich insgesamt 329.651
Asylanträge eingereicht (ohne 2015). Das Hoch
des Jahres 2002 mit 39.354 Anträgen wurde bis
dato nicht mehr erreicht. Die Zahl der Asylanträge ist vor allem in den Jahren 2002 bis 2007 um
rund 30% zurückgegangen, seit 2010 steigt sie
wieder kontinuierlich an.

Die Zahlen der Asylanträge sind auch im ersten Halbjahr weiter gestiegen. In den ersten vier
Monaten 2015 wurden in Österreich 14.225 Anträge auf Asyl gestellt. Im gleichen Zeitraum des
Vorjahres gab es 5.498 Ansuchen. Im Mai waren es 6.240 Anträge gestellt, allein in der letzten
Mai-Woche 1.781. In den Sommermonaten waren es dann schon bis zu 250 Anträge pro Tag. Das
sind mehr als die benachbarte Slowakei in einem

ganzen Jahr bekommt. 1.388 Anträge wurden von unbegleiteten Minderjährigen gestellt. 193 Personen wurden unter „Resettlement – Humanitäre Aktion Syrien" aufgenommen.

Auf Grund der Zahlen geht das Innenministerium von einem weiteren Anstieg aus. Für das Jahr 2015 werden insgesamt an die 70.000 Asylanträge erwartet. Dies wäre ein neuer Rekordwert. Nach den statistischen Aufzeichnungen des Innenressorts seit 1980 wurden bisher in keinem Jahr auch nur annähernd so viele Asylanträge gestellt.

Rekordjahre

Mehr Flüchtlinge als für 2015 erwartet, kamen bisher im Jahr 1968 und Mitte der 1950er-Jahre nach Österreich: So kamen in den Jahren 1956/1957 rund 180.000 Flüchtlinge aus Ungarn nach Österreich, nachdem die Sowjetunion den ungarischen Volksaufstand niedergeschlagen hatte. Ein Großteil dieser Flüchtlinge zog jedoch binnen weniger Monate in andere Länder weiter. Lediglich an die 10% der Flüchtlinge aus Ungarn blieben in Österreich.

1968 versorgte Österreich etwa 162.000 Flüchtlinge aus der damaligen Tschechoslowakei, nachdem die Truppen des Warschauer Pakts dort einmarschierten. Die meisten kehrten in ihr Herkunftsland zurück oder zogen weiter, etwa 12.000 Menschen blieben in Österreich.

Asyl in den Industrieländern

Nicht nur in Österreich, sondern weltweit nahm die Anzahl der Asylanträge 2014 stark zu. Das Flüchtlingshochkommissariat der Vereinten Nationen (UNHCR) verzeichnet in den Industrienationen eine weiter steigende Zahl von Asylsuchenden. UNHCR erfasste die Zahlen von 44 Regierungen in Europa, Nordamerika und Teilen des asiatisch-pazifischen Raums. In diesen Ländern ersuchten in den ersten sechs Monaten 2014 rund 330.700 Menschen um Anerkennung als Flüchtlinge. Das ist ein Anstieg um 24 Prozent im Vergleich zum Vorjahreszeitraum. Die Gesamtzahl der Asylsuchenden – vor allem getrieben von den Konflikten im Irak und in Syrien – betrug 866.000. Im Vergleich zu 2013 stieg diese Zahl um 45% und ist damit annähernd auf dem höchsten Stand seit 1992 (ca. 900.000). Das ist ein Niveau, das es in Industrienationen zuletzt während der Balkankriege in den 1990er-Jahren gegeben hat. Österreich liegt mit 28.100 Asylanträgen auf Platz neun der Hauptzielländer.

700.000 Anträge in Europa

Allein in Europa gingen 714.300 Anträge ein. Die 28 Mitgliedsstaaten der EU verzeichneten einen Anstieg von 396.700 im Jahr 2013 auf 570.800 Anträge im vergangenen Jahr. Zu den 44 betrachteten Industriestaaten zählen die EU sowie die europäischen Länder Albanien, Bosnien-Herzegowina, Island, Liechtenstein, Montenegro, Norwe gen, Serbien und der Kosovo, die Schweiz, Mazedonien und die Türkei. Außerhalb Europas zählen Australien, Japan, Kanada, Neuseeland, Korea und die USA dazu. Auch bei den Gesamtzahlen der 44 Industriestaaten war Syrien das Land, aus dem die meisten Asylsuchenden stammten.

Ziel Deutschland

Etwa jeder fünfte Asylantrag wurde in Deutschland registriert. Damit ist Deutschland das Zielland Nr. 1 für Asylsuchende. Auf Platz 2 befanden sich die USA mit 121.200 Anträgen, gefolgt von der Türkei (87.800), Schweden (75.100) und Italien (63.700). Österreich lag 2014 auf Platz 9 der Zielländer.

Legt man die Anzahl von Asylanträgen auf die Einwohnerzahlen um, ergibt sich ein anderes Bild. Bei einer solchen Auswertung verzeichnete Schweden 2014 die meisten Asylanträge pro Kopf – es kamen 24,4 Asylsuchende auf 1.000 Schweden. Auf Platz zwei lag Malta (17,5), gefolgt von Luxemburg (12,6). Österreich lag mit 10,4 Asylsuchenden pro 1.000 Einwohner auf Platz acht der Zielländer. Im Mai 2015 lag Österreich allerdings gemeinsam mit Schweden auf Platz eins.

Quelle: UNHCR-Bericht „Asylum Trends 2014"

ASYLBESTIMMUNGEN

Am 28. Juli 1951 wurde im Rahmen einer UNO-Sonderkonferenz das „Abkommen über die Rechtsstellung der Flüchtlinge" verabschiedet. 1954 trat das auch als „Genfer Flüchtlingskonvention" (GFK) bekannte Abkommen in Kraft. Österreich ist dem Abkommen und der 1967 erfolgten Erweiterung („Protokoll über die Rechtsstellung der Flüchtlinge") beigetreten. Es ist daher völkerrechtlich verbindlich. Gemäß GFK gelten Personen als Flüchtlinge, die aufgrund eines der „Konventionsgründe" (Rasse, Religion, Nationalität, Zugehörigkeit zu einer bestimmten sozialen Gruppe, politische Gesinnung) verfolgt werden und gleichzeitig keinen Schutz des Herkunftsstaates genießen.

Asylverfahren in Österreich: Als ersten Schritt reichen Asylsuchende einen Antrag auf internationalen Schutz bei einer der Erstaufnahmestellen (EAST) oder bei der Polizei ein. In Österreich gibt es drei EAST: in Traiskirchen (NÖ), Thalham (OÖ) und am Flughafen Wien-Schwechat. Zuerst erfolgt eine Prüfung, welcher Staat innerhalb der EU für die Durchführung des Asylverfahrens zuständig ist (laut „Dublin II-Abkommen"). Ist Österreich für den Asylantrag zuständig, kommt es zur inhaltlichen Prüfung, in der ermittelt wird, ob ein Anspruch auf Asyl vorliegt und die Asylsuchenden werden in die Grundversorgung der Bundesländer übermittelt. Die Einvernahme erfolgt seit Beginn des Jahres 2014 durch das Bundesamt für Fremdenwesen und Asyl (BFA).

Asylentscheidungen: Bei einem positiven Asylbescheid wird der Status als Asylberechtigte bzw. -berechtigter nach der GFK zuerkannt. Der Status umfasst ein dauerndes Einreise- und Aufenthaltsrecht in Österreich. Erhalten Asylsuchende einen negativen Bescheid, gibt es die Möglichkeit, in zweiter Instanz Beschwerde beim Bundesverwaltungsgericht zu erheben.

Subsidiär Schutzberechtigte: Personen, die nach der GFK keinen Asylanspruch besitzen, aber dennoch keine Rückkehrmöglichkeit in ihr Herkunftsland haben, weil sie dort einer Gefahr ausgesetzt wären, können um „subsidiären Schutz" ansuchen. Subsidiär Schutzberechtigte gelten nicht als Flüchtlinge im Sinne der GFK, erhalten jedoch eine befristete Aufenthaltsbewilligung, die verlängert werden kann.

Unbegleitete Minderjährige: In der Genfer Flüchtlingskonvention wird die Situation von minderjährigen Asylsuchenden nicht speziell bedacht. Auf internationaler Ebene hat UNHCR 1997 die „Richtlinien zur Behandlung asylsuchender unbegleiteter Minderjähriger" veröffentlicht. Auch das Übereinkommen über die Rechte des Kindes („Kinderrechtskonvention") ist beim Umgang mit unbegleiteten minderjährigen Flüchtlingen zu beachten. Auf EU-Ebene gibt es in diversen Gesetzen Regelungen zum Schutz von unbegleiteten Minderjährigen.

Humanitäres Aufnahmeprogramm Syrien: Aufgrund der dramatischen Lage in Syrien werden aktuell besonders schutzbedürftige syrische Flüchtlinge im Rahmen eines humanitären Aufnahmeprogramms (auch: Humanitäre Aktion Syrien) in Österreich aufgenommen. Das Programm läuft seit 2014 und wird vom Innenministerium in Zusammenarbeit mit der UN-Flüchtlingsagentur UNHCR und der Erzdiözese Wien durchgeführt. Insgesamt wurde die Aufnahme von 1.500 syrischen Flüchtlingen zugesagt.

Dublin-Verfahren: Durch eine Verordnung des EU-Rates aus 2003 („Dublin II") werden Kriterien und Verfahren zur Bestimmung des Mitgliedstaats festgelegt, der für die Prüfung eines Asylantrags zuständig ist, den ein Staatsangehöriger eines Drittlandes gestellt hat. Die Verordnung regelt, dass nur ein einziger Mitgliedstaat dafür zuständig ist. Asylbewerber müssen ihren Antrag in dem Land stellen, in dem sie zum ersten Mal den Boden der EU betreten haben oder sie werden in das Land des Erstantrags zurückgeschickt. Dadurch soll verhindert werden, dass eine Person mehrere Asylanträge stellt und so das System missbraucht. Der Mitgliedsstaat, der dem Asylbewerber einen gültigen Aufenthaltstitel oder ein gültiges Visum ausgestellt hat, ist für die Prüfung des Asylantrags zuständig. Hat ein Asylbewerber die Grenze eines Mitgliedstaats illegal überschritten, so ist dieser für die Prüfung des Asylantrags zuständig. Seit 2014 gilt die Dublin III-Verordnung, durch die der Anwendungsbereich des Dublin-Verfahrens auf alle Flüchtlinge, die um internationalen Schutz ersuchen, ausgedehnt wird.

EU-MIGRATION NACH ÖSTERREICH

Wenn man von „Migration" redet, denkt man zunächst an den syrischen Kriegsflüchtling oder den jungen alleinstehenden Afrikaner, der sein Glück in Europa versuchen will. Das ist aber nur ein Teil der Wirklichkeit – und der kleinere. Kamen noch vor zehn Jahren etwa 60 Prozent der Zuwanderer aus Ländern außerhalb der EU und Europas, hat sich das Verhältnis verkehrt. Heute kommen sechs von zehn aus EU-Staaten und davon fast 80 Prozent aus den „neuen" Mitgliedsländern. Rumänische Staatsbürger lagen dabei 2014 an erster Stelle, gefolgt von Ungarn und Deutschen.

Fast die Hälfte aller in Österreich lebenden ausländischen Staatsangehörigen kommt aus einem anderen EU-Land. 2014 waren es insgesamt 518.670 Personen. Mit 165.000 sind deutsche Staatsbürger die größte Gruppe aus dem EU-Ausland. Danach kommen Staatsbürger aus Kroatien, Rumänien, Polen und Ungarn.

Im Bereich der Hochschulbildung waren rund 68% der ausländischen Studierenden an öffentlichen Universitäten in Österreich EU-Staatsbürger. Auch hier waren die Deutschen die stärkste Gruppe. Was die Beschäftigung betrifft, lag die Erwerbstätigenquote bei EU-Ausländern im 4. Quartal 2014 mit 72,4% sogar über der österreichischen Gesamtquote (71,1%). Diese Zuwanderung ist nicht zu steuern. Das Prinzip der Arbeitnehmerfreizügigkeit ist eine der vier

Jüngere Bevölkerung unter 25 Jahren 2014

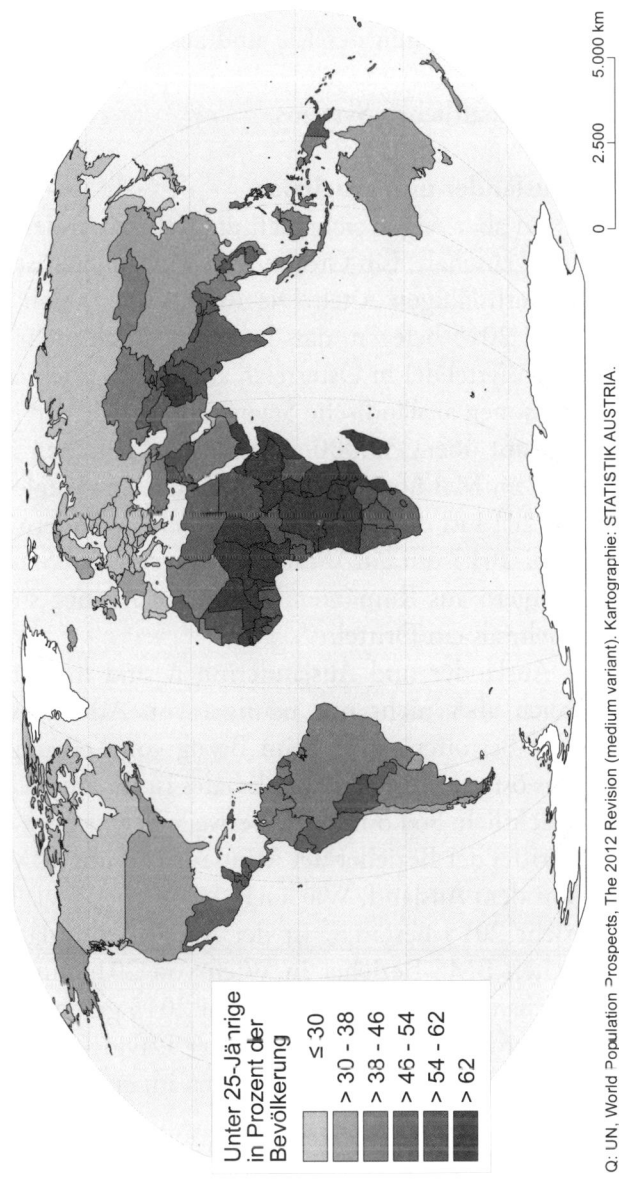

Unter 25-Jährige
in Prozent der
Bevölkerung

- ≤ 30
- > 30 - 38
- > 38 - 46
- > 46 - 54
- > 54 - 62
- > 62

0   2.500   5.000 km

Q: UN, World Population Prospects, The 2012 Revision (medium variant). Kartographie: STATISTIK AUSTRIA.

Grundfreiheiten der EU und als Ergänzung zum Binnenmarkt eine Säule des europäischen marktwirtschaftlichen Systems.

Ausländer und arbeitslos

Nun aber zeigen sich auch die Kehrseiten der Errungenschaft. Ein Großteil der Zuwanderer ist im erwerbsfähigen Alter. Die Arbeitslosenzahlen für Mai 2015 belegen, dass bereits deutlich mehr als ein Viertel der in Österreich arbeitslos gemeldeten Personen ausländische Staatsbürger sind: Von insgesamt über 330.000 arbeitslosen Menschen waren im Mai über 90.000 Ausländer. Im Vergleich zu 2014 ist die Arbeitslosigkeit bei Ausländern im Mai 2015 um ein Viertel angestiegen, bei Staatsbürgern aus Rumänien beträgt der Anstieg sogar mehr als ein Drittel.

Ausländer und Ausländerinnen sind in Österreich aber nicht nur häufiger von Arbeitslosigkeit betroffen, auch beim Bezug von Leistungen des österreichischen Sozialstaates ist ihr Anteil beträchtlich: So kommt mittlerweile bereits etwa ein Drittel der Bezieher der Mindestsicherung (BMS) aus dem Ausland. Wie auch der Wiener Sozialbericht 2015 bestätigt, ist der Anteil der ausländischen BMS-Bezieher in Wien von 2011 um ein Sechstel auf 35 Prozent im Jahr 2013 gestiegen.

Der britische Premierminister David Cameron hat eine Debatte über Reformen im europäischen Sozialsystem angestoßen. Er möchte beispielsweise Familienleistungen für EU-Bürger, deren Familien im Ausland leben, streichen. Auch der österreichische Integrationsminister Sebastian Kurz spricht sich für EU-Reformen aus. So wäre vor allem im Bereich der Familienbeihilfe über eine Neuregelung nachzudenken.

Kurz führt an, dass aufgrund der Unterschiede der Sozialsysteme und Einkommensverhältnisse in der EU ein massives Ungleichgewicht entsteht. Um dem entgegenzuwirken, soll etwa die Familienbeihilfe valorisiert und an das Niveau der Herkunftsstaaten angeglichen werden. Das bedeute aber keine Einschränkung der Niederlassungsfreiheit innerhalb der EU, betont Kurz. Die Niederlassungsfreiheit innerhalb der EU sei ein hohes Gut und müsse bewahrt bleiben, es dürfe aber nicht dazu führen, dass sich jemand das beste Sozialsystem aussuchen könne.

Die Familienbeihilfe wird in Österreich über den Familienlastenausgleichsfonds finanziert. Alle in- und ausländischen Arbeitnehmer zahlen 4,5% ihres Bruttolohns in diesen Fonds ein. Anspruch auf Familienbeihilfe haben grundsätzlich auch Bürger der EU, die sich legal in Österreich aufhalten und über eine Anmeldebescheinigung verfügen. Ausgeschlossen sind jedoch Kinder in Drittstaaten.

Geregelt ist das System der Familienbeihilfszahlungen in EU-Bestimmungen. Ein Problem sieht Kurz in der Auszahlung der Familienbeihilfe ins Ausland. Die EU-Kommission hat zu dem Thema eine Arbeitsgruppe einberufen, deren erste Sitzung für Herbst 2015 anberaumt ist.

SYRER – DIE ETWAS ANDEREN FLÜCHTLINGE

Syrien hat 23 Millionen Einwohner, von denen fast die Hälfte vor dem Bürgerkrieg und dem Terror des „Islamischen Staates" aus ihrer Heimat fliehen musste. 3,96 Millionen haben sich in einen der Nachbarstaaten, den Libanon, Jordanien oder die Türkei gerettet. Nach Schätzungen des UNO-Flüchtlingshilfswerks UNHCR haben 6,5 Millionen Menschen ihr Zuhause verlassen, leben aber in anderen Teilen des eigenen Landes. Die Mehrheit der Betroffenen sind Kinder.

Allein im Lager Zaatari im Norden Jordaniens leben schätzungsweise 120.000 Flüchtlinge aus Syrien in Zelten und Containern und warten auf die Rückkehr in die Heimat – oder eben auf die Fahrt nach Europa, die über das östliche Mittelmeer, häufig aber auch über Libyen führen kann. Eine halbe Million sieht in der Türkei einem ungewissen Schicksal entgegen. Insgesamt soll die Türkei seit dem Beginn des Bürgerkriegs schon 1,8 Millionen Menschen aus Syrien zumindest vorübergehend aufgenommen haben.

Dabei sind die Syrer ein paradoxer Fall und entsprechen oft nicht dem Klischee vom armen und hilflosen Flüchtling. Sie sind arbeitswillig, fleißig und geschäftstüchtig, sodass sie mancherorts den Einheimischen Konkurrenz und sich damit gleich auch unbeliebt machen. In der Gegend rund um Zaatari und anderen Lagern in Jordanien und der Türkei ist der Einzelhandel oft in Händen von Syrern.

Die Türkei hat Maßnahmen angekündigt, den Zustrom von syrischen Flüchtlingen einzudämmen. Als tausende Syrer vor den heftigen Kämpfen um die Stadt Tal Abjad über die Grenze in die Türkei flüchten wollten, ließen türkische Sicherheitskräfte sie nicht ins Land und trieben sie mit Wasserwerfern und Warnschüssen auseinander. Auf der anderen Seite versuchten islamistische Dschihadisten, die Flüchtlinge am Passieren der Grenze zu hindern. Nach chaotischen Szenen wurden die Syrer schließlich doch durchgelassen.

Von den rund elf Millionen Menschen, die der Konflikt aus ihrer Heimat vertrieben hat, landeten bisher rund 150.000 in Europa, die meisten in Westeuropa. Seit Beginn des Syrien-Konfliktes im Frühjahr 2011 nahm allein Schweden mehr als 45.000 Syrer auf. In Deutschland fanden rund 38.000 Menschen aus dem Bürgerkriegsland Zuflucht. Deutschland erhält nicht nur viele Asylgesuche von Syrern, sondern holt über ein eigenes Resettlement-Programm 25.500 syrische Flüchtlinge direkt ins Land.

Eine große Anzahl von Syrern landete laut UN-HCR auch in Bulgarien sowie in den Niederlanden und in der Schweiz. Große EU-Staaten wie Polen oder Spanien nahmen hingegen vergleichsweise wenige Flüchtlinge aus Syrien auf. Österreich liegt bei der Aufnahme von Syrern im Mittelfeld – mit steigender Tendenz. Bis Ende 2013 baten rund 3.500 Syrer um Asyl. 2014 suchten rund 3.500 weitere Menschen aus dem Konfliktgebiet um Schutz an. Auch holt die Regierung nach deutschem Vorbild rund 1.500 syrische Flüchtlinge über ein Resettlement-Programm ins Land. Die Zahl könnte damit jene in den meisten anderen Staaten bereits übertreffen, allerdings ist unklar, wie viele der Betroffenen inzwischen in andere Länder weitergereist oder gestorben sind.

Die Syrer nehmen unter den Flüchtlingen eine Sonderstellung ein, da viele von ihnen wohlhabend sind. Bei Schiffspassagen von Afrika nach Europa wurden sogar „Abladungen" registriert. Afrikaner wurden wieder vom Schiff gebracht, weil die Schlepper Syrer mitnehmen konnten. „Die Syrer zahlen mehr", stellte Oberst Gerald Tatzgern, der Leiter des Büros für Menschenhandel und Schlepperei im Bundeskriminalamt nüchtern fest. Zwar stehen die Syrer im Mittelpunkt der Aufmerksamkeit, sie stellen aber nur 9 Prozent aller Zuwanderer nach Österreich.

Im Jahr 2014 sind in Österreich 34.070 illegale Einwanderer aufgegriffen worden – um 24 Prozent mehr als noch im Jahr 2013. Besonders die Zahl an syrischen Staatsbürgern stieg dabei dramatisch an und verzehnfachte sich im Vergleich zum Jahr davor – und das trotz hoher Kosten für eine Schleppung. So müssen Syrer bis zu 12.000 Euro zahlen, um nach Österreich zu gelangen. Nicht wenige syrische Flüchtlinge können sich die horrenden Preise für die Schleppung offenbar auch leisten.

Neben den Syrern waren auch bei Somaliern, Eritreern und Kosovaren Steigerungen von mehreren Hundert Prozent zu beobachten. Stark ist auch der Zustrom aus dem Irak. Deutliche Rückgänge gab es hingegen bei Menschen aus Pakistan, der Russischen Föderation (Tschetschenien), Indien, Algerien und Marokko. Steigende Zahlen gibt es dagegen bei den Einreisenden aus Afghanistan.

Von den Aufgegriffenen wurden nach den Erkenntnissen der Ermittler 20.768 „geschleppt", der Rest dürfte auf eigene Faust eingereist sein. 51,6 Prozent aller illegalen Einwanderer kamen dabei über Italien, 34,4 Prozent über Ungarn nach Österreich. Die meisten wurden in Wien, Innsbruck-Land und Neusiedl am See aufgegriffen. Starke Steigerungsraten gab es laut BK auch bei den angezeigten Schleppern. Von 352 im Jahr 2013 erhöhte sich die Zahl im Vorjahr auf 511. Die Statistik wird von ungarischen Staatsbürgern mit 64 Verdächtigen angeführt, gefolgt von Serben (56) und Syrern (34).

MILDTÄTIGKEIT IST KEINE LÖSUNG

Keine Debatte über Migration, kein Zeitungskommentar, keine Politikerrede, keine Erklärung von kirchlichen Würdenträgern aller Konfessionen, in denen nicht betont würde, dass die Ursachen der Migration „an ihrem Ursprung in den Herkunftsländern" der Migranten bekämpft werden müsse. Das ist ein Gemeinplatz und natürlich richtig, aber es hat noch niemand erklären können, wie das zu bewerkstelligen wäre. Meistens ist damit gemeint, noch mehr Geld für die sogenannte Entwicklungshilfe auszugeben.

Seit mehr als einem halben Jahrhundert, seit die afrikanischen Staaten, um die es bei der Migration nach Europa geht, unabhängig sind, fließen Billionen von Dollars und Euros nach Afrika. Aber trotz Jahrzehnten von billigen Darlehen, nicht rückzahlbaren Krediten, Schuldenerlassen, bilateraler und multilateraler Hilfe steht Afrika schlimmer da als je zuvor. Entwicklungshilfe zu beziehen ist einfacher, als ein Land zu sanieren. Unter diesen Umständen gar von einem „Marshallplan für Afrika" zu reden, ist unsinnig.

In „failed states" von Afghanistan über den Irak und Syrien bis zum Horn von Afrika und Libyen, von wo die größten Flüchtlingsströme ausgehen, gibt es überhaupt keine Ansätze für ein Eingreifen von außen: Weder mit Geld noch mit Gewalt. Der Versuch der USA und einer UNO-Truppe, den Bürgerkrieg in Somalia zu beenden, endete mit einem blutigen Desaster. Aus den Krisenherden Arabiens und Afrikas demokratische und prosperierende Staaten zu machen, aus denen niemand weggehen will oder muss, wird Jahrzehnte dauern.

Ein Beispiel für ein verbreitetes Wunschdenken nicht nur in kirchlichen Kreisen lieferte der evangelische Bischof von Berlin-Brandenburg, Markus Dröge. Man solle „die meist tatkräftigen jungen Menschen legal auf dem EU-Arbeitsmarkt verteilen", meint der Kirchenmann in selbstverschuldeter Ahnungslosigkeit. Hat er noch nie etwas von der Jugendarbeitslosigkeit in Spanien gehört, die er und der Papst sonst lebhaft als Versagen des „kapitalistischen Systems" beklagen? Ob die Migranten überhaupt Qualifikationen haben, die in Europa nachgefragt werden, kümmert diese Anwälte der Humanität wenig.

Möglichst nahe an den Migrationsländern „oder in Europa" sollten zudem Plätze geschaffen werden, „wo diese Menschen etwas dazulernen, was sie später in ihrer Heimat nutzbar machen könnten". Hat Dröge jemals von Migranten gehört, die in ihr Heimatland zurückgegangen sind? Es dürfe nicht so bleiben, „dass ihnen die Flucht nach Europa als einzige Möglichkeit eines würdigen Lebens erscheint." Ja, darf es wirklich nicht.

Der Adressat solcher frommen Wunsche ist selbstverständlich immer Europa. Kein Appell und keine Forderung richtet sich an die afrikanischen Länder, um deren Bürger es immerhin geht.

Der Hinweis auf den Kolonialismus ist nur eine müde Ausrede, mit der Misswirtschaft und Korruption entschuldigt werden sollen. Niemand im Westen ist schuld daran, dass reiche Länder wie Zimbabwe oder Angola von sozialistischen Regierungen zu Elendsstaaten herabgewirtschaftet wurden.

Demografische Ausbeutung
Das alles kann natürlich nicht bedeuten, nichts zu tun und den Kontinent sich selbst zu überlassen. Der aus Ghana stammende Kurienkardinal Peter Turkson, Präsident des Päpstlichen Rates für Gerechtigkeit und Frieden (Iustitia et Pax) ist bedeutend realistischer als sein evangelischer Mitbruder im Bischofsamt. Der anhaltende Ausreisestrom aus Afrika habe für die Herkunftsländer gravierende politische und wirtschaftliche Folgen, sagte der im Vatikan einflussreiche Kardinal in der Frankfurter Allgemeinen Zeitung. Afrika könne die demographische Ausblutung nicht länger verkraften. Die vielen jungen Menschen dürften ihrer Heimat nicht verloren gehen.

Die meisten Flüchtlinge machten sich Illusionen über ihre Zukunft in Europa, beklagt der Kardinal: „Die wirkliche Geschichte ihrer Wanderschaft wird daheim nie erzählt; über die Erniedrigung und die Schmerzen wird geschwiegen. Die Fotos auf den Mobiltelefonen halten meist nur das Lachen fest." Der Dokumentarfilm für jene zuhause, die sich vielleicht noch aufmachen wollen, sei noch nicht gedreht worden. Er müsse den Titel tragen: „Der Weg der zerbrochenen Träume". In Afrika müssten echte Informationen über die Gefahren der Flucht und die Situation in Europa verbreitet werden.

Die Sicht des Kardinals bestätigt auch die Leiterin des Büros der International Organisation for Migration (IOM) in Wien, Katerina Kratzmann. Man müsse bei den Migranten selbst ansetzen und sie über Europa und die Aussichten, die sie haben, informieren. Viele unterschätzten auch die Gefahren der Überquerung des Mittelmeers. „Vielerorts ist ein falsches Bild vom vermeintlichen Paradies Europa verbreitet, in dem alle Wünsche erfüllt würden".

Für Migranten sei es außerdem sehr schwierig, so viel Geld zu verdienen, dass sie etwas an die Familie in der Heimat schicken können. Daraus, so Kratzmann entstehen dann oft „schwierige Dynamiken", weil die Herkunftsfamilie, die das Geld für die Reise zusammengelegt hat, ihrem Mann in Europa nicht glauben wolle, dass er das Geld nicht verdiene, das sie erwarten.

Auch Kardinal Turkson appelliert an die Europäer, die Fluchtursachen in den Heimatländern der Emigranten zu bekämpfen: Europa müsse versuchen, dort anzusetzen, wo die Menschen ihre Wanderung beginnen. Es müssten gezielte Aufbauprogramme für die gefährdeten Staaten geschaffen werden, die gleichermaßen Bildung, Ausbildung und demokratisches Regierungshandeln auf allen

Ebenen anpacken. Und zwar nicht nur, damit die jungen Menschen nicht länger nach Europa gehen, sondern damit sie ihrer Heimat nicht verloren gehen. „Mildtätigkeit ist garantiert keine Lösung".

Früher mag Europa, nach den Worten des Kardinals, einmal so reich gewesen sein, dass es in großer Wohltätigkeit noch viele Migranten hätte aufnehmen können. Aber diese Zeit sei vorbei. „Europa kann nicht immer mehr Menschen aufnehmen und integrieren", konstatiert der Kardinal in nüchterner Einschätzung der europäischen Wirklichkeit: „Wir haben die Krisen in den EU-Ländern von Griechenland bis Frankreich. Die Angst vor Überfremdung in der Bevölkerung".

Turkson unterscheidet auch wohlweislich Flucht und Emigration aus wirtschaftlichen Gründen: Die Menschen aus den Bürgerkriegsgebieten am Horn von Afrika retteten durch Flucht ihr Leben; aus dem Tropengürtel machten sich aber viele auf, um in Europa reich zu werden: „Dabei kommen sie eigentlich aus reichen Staaten, in denen es Bodenschätze gibt und auch Arbeitsmöglichkeiten."

Europa habe sich aus der Verantwortung für seine ehemaligen Kolonien gestohlen, sagt Turkson. Nur deshalb hätten China und Indien heute so großen Einfluss in Afrika. Hart ins Gericht geht der Kurienkardinal auch mit den afrikanischen Eliten, die nie gelernt hätten, dass Macht dazu da sei, den Menschen zu dienen: „Die Eliten wollen herrschen um der Macht und des Reichtums willen."

Geld aus Europa gegen Hirn aus Afrika?

Die ökonomische Bedeutung von Migration ist für die Emigrationsländer in der Regel sehr hoch. Manche Länder wie etwa die Philippinen haben den zeitweiligen oder dauernden Export von Arbeitskräften zu einem Wirtschaftsmodell gemacht. Millionen sind von den finanziellen Rücküberweisungen dieser Menschen an die Familie in der Heimat abhängig. Mit fortschreitender Globalisierung und Migration werden die finanziellen Rückflüsse in die Herkunftsländer noch weiter steigen. 2011 lagen die Geldüberweisungen, die Migranten an ihre Verwandten in den Entwicklungsländern schickten, nach Schätzungen der Weltbank bei mindestens 372 Milliarden US-Dollar. Hinzu kamen große Summen, die auf irregulären Wegen transferiert wurden.

Das übertraf den Umfang der staatlichen Zahlungen im Rahmen der Entwicklungszusammenarbeit um fast das Dreifache. Für manche Staaten bilden diese Geldüberweisungen überhaupt die zentrale Quelle ihres Bruttosozialprodukts, wie Tadschikistan, Lesotho oder Moldawien. Für große Staaten, wie etwa Indien, ist der Anteil der Geldüberweisungen von Migranten am Bruttosozialprodukt wesentlich geringer, hat aber ein hohes Gewicht für die Devisenbilanz.

Zur ökonomischen Realität der Migration gehört auch, dass es nicht die Ärmsten in den armen Ländern sind, die ihre Heimat verlassen und sich auf den ungewissen und fast immer gefährlichen

Weg nach Europa machen. Aber es sind die Jüngsten und Stärksten. Die ganz Armen könnten das Geld, das eine solche Flucht/Reise kostet, gar nicht aufbringen. Oft legt eine Familie ihr Geld zusammen, um einem der Ihren die Reise zu finanzieren. Ein Afghane in Wien erzählte im Radio, dass er jetzt auch dafür arbeite, die 9.000 Euro zurückzuzahlen, die ihn die Flucht gekostet hat.

Es ist unbestritten, dass das zusätzliche Einkommen durch Rücküberweisungen den Rückgang der Armut bewirken kann, Konsumsteigerungen ermöglicht und auch Investitionen auslösen kann. Für die Volkswirtschaften der Entwicklungsländer sind Direktinvestitionen zweifellos vorteilhafter, da mit ihnen nachhaltige Strukturveränderungen und Wirtschaftswachstum möglich sind. Obwohl die Rücküberweisungen hauptsächlich für den täglichen Lebensunterhalt verwendet werden, können aber auch dadurch wirtschaftliche Entwicklung und nachhaltige strukturelle Veränderungen angestoßen werden.

Die kurzfristigen Impulse für die Ökonomien der Entwicklungsländer und eine Besserstellung einzelner Haushalte führen aber nicht zwangsläufig zu Entwicklung und nachhaltiger Entschärfung der Armut für die gesamte Bevölkerung. Hierzu sind langfristige Strukturveränderungen notwendig. Es ist eine Streitfrage, ob die Rücküberweisungen ausreichen, um die Kosten, die durch Migration entstehen, auszugleichen. Einerseits vermindert der Verlust qualifizierter Ar-

Bevölkerungsveränderung 2009-2050

Prognostizierte Bevölkerungsveränderung 2009-2050
in Prozent

-19,6 - <-10,0
-10,0 - < 0,0
0,0 - 10,0
> 10,0 - 20,0
> 20,0 - 30,0
> 30,0 - 47,8

Grenzen der Prognoseregionen
Wald, Almer und Ödland

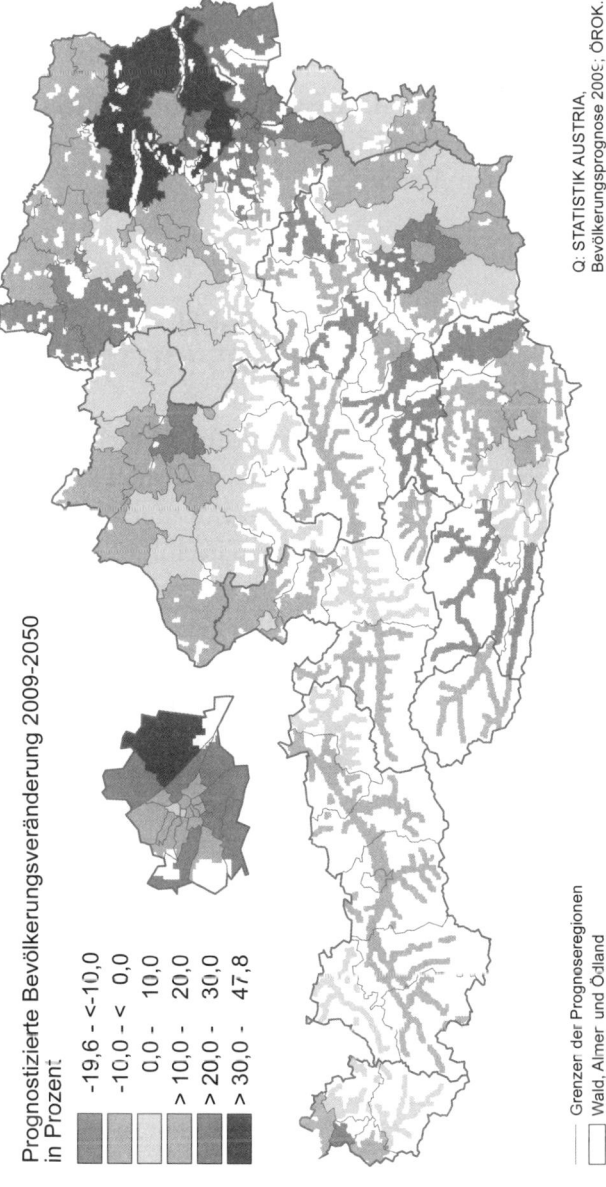

Q: STATISTIK AUSTRIA,
Bevölkerungsprognose 2009; ÖROK.

beitskräfte („brain train") die Produktivität einer Volkswirtschaft, anderseits gibt es oft für diese Leute gar keine Arbeitsplätze, jedenfalls nicht solche, auf denen sich so viel verdienen lässt wie im westlichen Ausland.

ZEHN THESEN ZUR MIGRATIONSPOLITIK

These eins: Migration ist kein Verbrechen
„Migration ist kein Verbrechen" lautet eine eingängige Formel, die mit großem moralischen Pathos vorgebracht wird, aber irreführend ist und eine absichtliche Unterstellung enthält. Gemeint damit ist, dass jeder überall wo er will „auf die Suche nach dem Glück" gehen kann, wie es die amerikanische Unabhängigkeitserklärung verheißt. Migration ist tatsächlich kein Verbrechen, es ist aber auch kein Verbrechen, Migranten abzuweisen, wenn man sie aus guten Gründen nicht aufnehmen will. Europa braucht nicht die Rettungsstation für alle „Verdammten dieser Erde" zu sein, wie es kürzlich ein bekannter deutscher Zeitungskommentator gefordert hat.

These zwei: Weder Illusionen noch ein schlechtes Gewissen sind eine gute Grundlage für Politik

Die Kriege und Umbrüche im „weiteren Nahen Osten" sind nicht nur die Folge westlicher Interventionen, wenngleich sie dadurch mit ausgelöst wurden. Die Rückständigkeit und die zivilisatorische Krise der islamischen Welt können ebenso wenig Europa angelastet werden wie die machtpolitische Rivalität zwischen Saudi-Arabien und dem Iran. Der Bürgerkrieg in Syrien, die kriegerischen Auseinandersetzungen im Irak und der Terror des IS sind von arabischen Nachbarn angestachelt und finanziert worden, denen die beiden einzigen säkularen Regime in der Region ein Dorn im Auge waren. Auch für die postkoloniale Fehlentwicklung Afrikas wird man die Verantwortung bei den einheimischen Eliten suchen müssen. Der europäische Kolonialismus kann keine unbegrenzte Dauerschuld Europas begründen. Jetzt „Millionen Menschen" nach Europa zu holen, um sie aus dem Elend zu befreien, wie es der Vertreter einer kirchlichen NGO in Deutschland verlangt, ist illusionär. Weder schlechtes Gewissen noch Illusionen sind aber eine gute Wegweisung für politisches Handeln.

These drei: Die neue Völkerwanderung ist nicht mit den Flüchtlingswellen der Vergangenheit zu vergleichen

Die Menschen, die jetzt an die Grenzen und Küsten Europas branden, haben aus sehr verschiedenen Gründen ihre Heimat verlassen: Materielle Not im subsaharischen Afrika, Krieg und Bürgerkrieg in Syrien und im Irak, Völkermord in den Ursprungsländern des Christentums, Chaos und Unsicherheit in zerfallenden Staaten am Horn von Afrika und im Sudan. Angesichts der Migration und Fluchtbewegung über das Mittelmeer und den Balkan erinnern nun manche daran, dass nach dem Zweiten Weltkrieg durch die Vertreibung von elf Millionen Deutschen aus Osteuropa und später nach dem Ungarn-Aufstand und während der Jugoslawien-Kriege viele größere Flüchtlingsströme über Europa gezogen sind als heute. Die Aufregung sei also übertrieben, soll das heißen.

Warum gibt es dann trotzdem die Ängste in Europa, die es bei früheren Fluchtbewegungen nicht gab? Der Grund liegt darin, dass damals die Zahl der Flüchtlinge überschaubar war und die Menschen aus demselben Kulturkreis kamen. Von den Flüchtlingen aus Ungarn seinerzeit ist nur ein kleiner Teil in Österreich geblieben. Jetzt dagegen erscheint die Zahl potenzieller Migranten unübersehbar und alle, die kommen, werden auch bleiben. Das nährt die Sorgen vor Überfremdung, die man nicht mit moralischen Appellen entkräften kann.

These vier: Es gibt kein Menschenrecht auf Leben in Europa

Es gibt ein Menschenrecht auf Schutz vor Verfolgung, das international definiert ist und Asylrecht heißt. Es gibt aber kein Menschenrecht auf Leben in einem bestimmten Land, das man sich aussucht oder in das man verschlagen wird. Auch arm zu sein bedeutet kein Recht auf Emigration in ein Land seiner Wahl, das dann die Pflicht hätte, einen aufzunehmen. Nach europäischem zivilisatorischen Standard ist es eine moralische Schuldigkeit der Reicheren, den Ärmeren zu helfen. Diese kann auf sehr verschiedene Weise erfüllt werden, am besten dadurch, dass man dafür sorgt, dass die Armen ihre Heimat nicht verlassen müssen und dort zu einem erträglichen Leben und Wohlstand kommen.

These fünf: Wer die Grenzen für alle öffnen will, gefährdet das Asylrecht

Asyl zu gewähren liegt prinzipiell nicht in der Verfügung eines Staates, wiewohl alle Bemühungen erlaubt sein müssen, den Missbrauch dieses Rechts für Immigration aus ökonomischen Gründen zu unterbinden. Das ist gerade deshalb notwendig, um das Asylrecht als Rettung in letzter Not zu erhalten. Es systematisch zu einer Schiene der Einwanderung in den Arbeitsmarkt oder das Sozialsystem eines Landes zu machen, würde es letztlich genau für jene unwirksam werden lassen, die es zum Überleben brauchen. Deshalb muss man die

Kategorien von irregulärer Armutsmigration, Aufnahme und Ansiedlung von Kriegsflüchtlingen und Asyl für unmittelbar Verfolgte weiterhin auseinanderhalten. Wer das beliebte Wort „niemand ist illegal" in den Mund nimmt und womöglich gar danach handeln wollte, weiß nicht oder gibt nicht zu, dass er damit letztendlich das Asylrecht in Frage stellt und gefährdet.

Um Asylwerber von Migranten aus ökonomischen Gründen auseinanderzuhalten, muss Europa die strategischen Ansätze für seine Immigrationspolitik in Afrika suchen. Man wird etwa gemeinsame Auffanglager in Niger, der Drehscheibe für die Migration aus Westafrika, oder noch näher an den Ausgangsländern einrichten. Dort müssen auch die ersten Prüfungen für ein Asylverfahren stattfinden. Wer Verfolgung und Diskriminierung zuhause nicht nachweisen kann und auch nicht vor einem Krieg fliehen musste, wird von einem Asylverfahren in allen EU-Ländern ausgeschlossen.

An diesen Orten könnte man auch jene finden, die Qualifikationen haben, die am europäischen Arbeitsmarkt gesucht sind. Wer weder für Asyl noch für Arbeit in Frage kommt, muss in seine Heimat zurückkehren. Ein solches Modell setzt freilich eine gemeinsame europäische Asylpolitik voraus, die es nicht gibt, und die Kooperation mit den Herkunfts- noch mehr aber den Transitländern Niger und Libyen.

These sechs: Unter dem Druck der Realität fallen die Tabus

Begleitet von der heftigen Kritik durch Organisationen, die mehr an politischer Agitation als konkreter Hilfe für Flüchtlinge interessiert sind, hat Österreich 500 Asylwerber in die Slowakei gebracht. Dort sollen sie auf ihre Verfahren warten, die aber in Österreich stattfinden werden, wie es vom Dublin-Abkommen (derzeit in seiner Fassung Nr. III) vorgesehen ist. Damit ist ein Tabu gebrochen worden, denn angeblich ist das Leben für einen Flüchtling nur in Österreich zumutbar.

Auch ein anderes Tabu ist dabei gefallen: Dass Geld keine Rolle spielen dürfe, wo es doch um Humanität geht. Der Vorschlag, jenen EU-Ländern finanzielle Abgeltungen zuzusagen, die Flüchtlinge nehmen wollen, ist nicht neu und er ist auch nicht unsittlich. Jetzt wird er gerade in der Slowakei umgesetzt, aber eben nicht durch die EU, sondern durch Österreich, das unter dem Strich finanziell besser aussteigt. Die Slowakei verdient ebenfalls daran. Warum also nicht?

These sieben: Österreich muss seine Attraktivität verringern um die Einwanderung in den Sozialstaat zu verhindern

Österreich ist unter Migranten besonders beliebt, weil es außer Sicherheit und Rechtsstaatlichkeit auch Sozialleistungen bietet, wie kaum ein anderes europäisches Land. Diese können unter Umständen höher sein, als Einkommen vergleichbarer Personen in einem Arbeitsverhältnis. Das hat sich weltweit herumgesprochen.

„Ein positiver Asylbescheid geht oftmals mit einem Einstieg in das Sozialsystem einher", stellt eine Expertengruppe im Außen- und Integrationsministerium fest. Anerkannte Asylanten haben unmittelbar Zugang zur Mindestsicherung. Es gibt Beispiele, dass diese staatliche Transferleistung nicht nur für das Leben in Österreich und für den eigenen Integrationsweg aufgewendet wird, sondern auch für Rücküberweisungen an die Familie daheim. Das mag aus Sicht der Empfänger verständlich sein, weil sie häufig unter hohem Erwartungsdruck der Daheimgebliebenen stehen, kann aber nicht im Sinne des Systems sein.

Aus rechtlicher Sicht ist unbestritten, dass anerkannte Flüchtlinge österreichischen Staatsbürgern gleichzustellen sind. „Ziel des Bezugs von Sozialleistungen sollte nur eine temporäre Überbrückung, nicht aber eine transferabhängige Existenz sein", formulieren die Experten. Sie schlagen daher vor, Sachleistungen statt Geldtransfers einzuführen und dadurch einen Druck auf die Empfänger herzustellen, selbst etwas für ihren Aufstieg zu tun.

These acht: Abgelehnte Asylwerber müssen konsequenter abgeschoben werden als bisher
Ohne „Dublin" geht es vorläufig nicht – mit „Dublin" aber auch nicht. Wer keinen Asylstatus erhält, bzw. wessen Antrag offensichtlich unbe-

gründet ist, muss – theoretisch – Österreich verlassen. Wenn er nicht in sein Heimatland gebracht werden kann, muss ihn jenes Land nehmen, aus dem er nach Österreich gekommen ist, das ihn möglicherweise dorthin zurückschickt, wo er zuerst EU-Territorium betreten hat. So ist es in der Dublin-Verordnung vorgesehen. Das wird aber dadurch oft unmöglich gemacht, dass Migranten verschleiern, über welchen Weg sie gekommen sind.

These neun: Wird die EU-Außengrenze nicht gestärkt, werden die Staatsgrenzen wiederkehren

Das Bild von der „Festung Europa", das sich jetzt kaum noch jemand in den Mund zu nehmen traut, sollte jede Bemühung, die Außengrenzen der EU gegen illegale Immigranten zu sichern, schlecht machen. Die Kontrolle und Aufrechterhaltung der Außengrenzen ist aber die Garantie für die innere Bewegungsfreiheit in der EU. Wenn es Europa nicht gelingt, seine Außengrenzen zu sichern, werden die alten Staatsgrenzen von selbst wiederkehren. Versuche, das Schengen-System zeitweise außer Kraft zu setzen, hat es schon gegeben und sie werden häufiger werden, wenn Staaten sich nicht anders zu helfen wissen.

Wir haben uns daran gewöhnt, an den ehemaligen Grenzstationen in Spielfeld und Nickelsdorf, bei Thörl-Maglern und am Walserberg, aber auch zwischen Ungarn und der Slowakei, achtlos vorbeizufahren, die wie im Niemandsland verrotten. In Spielfeld lässt die Lächerlichkeit der „künstlerischen" Gestaltung der Station sie als besonders überholt erscheinen. Nun werden wir plötzlich gewahr, dass sie noch immer da sind und nie weggeräumt wurden, als ob sie darauf warteten, wieder in Betrieb genommen zu werden.

These zehn: Die Migration muss an ihrem Ausgangspunkt bekämpft werden

Es gehört mittlerweile zum allgemeinen Bewusstseinsstand, dass man das Problem der Armutsmigration aus Afrika nicht in Europa lösen kann, sondern es an seinem Ausgangspunkt bekämpfen muss. Solange die Chancen anderswo größer zu sein scheinen als das Risiko und der Preis, der zu zahlen ist, werden Menschen ihre Heimat verlassen wollen. Wenn jemand einmal die Brücken hinter sich abgebrochen, die Kuh verkauft und das letzte Geld von der Bank abgehoben hat, kann er nur noch vorwärts. Man muss versuchen, die Menschen in ihrer Heimat zu halten, bevor sie sich in Bewegung setzen.

Der Ruf nach mehr Entwicklungshilfe, der jetzt immer ertönt, mag gut gemeint sein, wenn er nicht überhaupt nur als Beschäftigungsvorwand für diverse Hilfsorganisationen und NGOs erhoben wird. Die Billionen Dollar, die seit Jahrzehnten an staatlicher und internationaler Hilfe nach Afrika fließen, haben bestenfalls punktuelle Verbesserungen gebracht. Zu viel Geld ist von korrupten Eliten abgezweigt und nicht für eine Entwicklung der Länder verwendet worden.

Das heißt aber keineswegs, dass es nicht sinnvolle Möglichkeiten gibt, die Fluchtursachen zu mindern, damit „die, die nicht wandern wollen, nicht wandern müssen". Das führen die Kirche und ihre Ordensgemeinschaften vor, die Schulen, Spitäler und Sozialeinrichtungen führen, die oft Oasen des Friedens und der Entwicklung sind. Dort wird Geld gut verwaltet und zum Nutzen der Länder eingesetzt. Wo die EU schon jetzt finanziell engagiert ist, müsste sie mehr tun, um „good governance" zu fördern, die gewissermaßen der Zentralschlüssel zur Entwicklung ist.

Langfristige Chancen haben die afrikanischen Staaten nur, wenn sie ins System der internationalen Arbeitsteilung – also der Globalisierung – einbezogen werden. Dazu brauchen sie aber faire Handelsbedingungen. Die Europäische Praxis muss sich dabei von den modernen Ausbeutungssystemen unterscheiden, wie sie vor allem Indien und China in Afrika etabliert haben.

Dr. Hans Winkler

Geboren 1942 in Veitsch/Steiermark,
Studium Rechtswissenschaft Universität Graz
Laufbahn: Generalsekretär der Katholischen
Aktion/Kärnten, Redakteur Kleine Zeitung/Graz,
Ressortleiter Außenpolitik, Leiter der Wiener
Redaktion der Kleinen Zeitung.
Seit der Pensionierung Kolumnist bei der
Tageszeitung „Die Presse", Gastautor in
verschiedenen Medien.
Mitglied des Expertenrats für Integration beim
Bundesministerium für Europa, Integration und
Äußeres.

IN DIESER REIHE BEREITS ERSCHIENEN:

60 Seiten / ISBN 978-3-7011-7918-3

56 Seiten / ISBN 978-3-7011-7919-0
2. Auflage

„Schafft die Politik ab!" ist ein Aufschrei des Zorns von Andreas Unterberger, einem langjährigen Analytiker, einstigen EU-Vorkämpfer und Politiker-Verteidiger, über das zunehmende Versagen der Repräsentativen Demokratie. Für den Top-Journalisten gibt es nur eine einzige positive Alternative, die Direkte Demokratie: Da die Bürger in jedem Fall die Konsequenzen zu tragen haben, stehen ihnen auch die Grundentscheidungen zu.
„Eine Streitschrift im besten Sinne des Wortes." (Prof. Herwig Hösele)

„Iss oder stirb (nicht)!" Achtung, die Weltuntergangspropheten spucken in unser Essen! Martina Salomon, profilierte Politik- und Wirtschaftsjournalistin, gibt Entwarnung: Scharfzüngig enttarnt sie Ernährungsmythen, beschreibt Geschäftemacherei und zerlegt genüsslich die wechselnden Essensmoden der Panikgesellschaft.
Fazit: Diese Streitschrift ist zu 100 Prozent laktose- und glutenfrei – für manche vielleicht dennoch schwer verträglich. Weil sie unserer Gesellschaft den Spiegel vorhält.

83

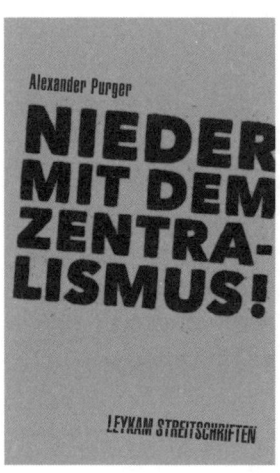

56 Seiten / ISBN 978-3-7011-7965-7

„Nieder mit dem Zentralismus!" ist der Aufruf von Alexander Purger, innenpolitischer Redakteur der „Salzburger Nachrichten" und stellvertretender Leiter der Wiener Redaktion. Eine Streitschrift gegen den Zentralismus, gegen den Wahn, alles von oben regeln zu wollen. Denn: je näher die Entscheidungen getroffen werden, desto beeinflussbarer und damit interessanter werden sie für den Bürger. Mehr Föderalismus könnte so auch die Lust an der Politik wiedererwecken.

MEHR AUF WWW.STREITSCHRIFTEN.AT